존재의 초상

존재의 초상

농화학자 박노동 시인의 에스프리

문학들

책을 펴내며

세포들을 묶어 조직을 만들고, 산소와 영양분자들과 대사폐기물의 교환 공간이면서, 세포들 사이 소통의 광장인 기저분자들의 집합. 이것이 다세포생물의 한 조건이다.

마찬가지로 이 산문들은 나의 조건이었다. 고독할 때, 연구실에서, 외국에서, 부딪힐 때, 풀리지 않아 몸부림칠 때, 만족과 환희의 절정에서, 스스로 다독거린 기억들이다. 이들이 폭발 직전의 억압된 정신에 숨구멍을 뚫어주었으며, 피폐해지는 영혼에 자유의 자양을 공급하였다. 시간의 단편들을 이어주고 묶어주었으며, 나와 이웃들 사이에 소통의 광장이 되어주었다.

이것들을 묶어 내놓으려니, 이런 생각이 든다.
말을 못 알아들으면 몸짓으로 했고, 몸짓이 안 통하면 그림으로 그렸을 거다.
아마도, 글을 써서 안 되면 비문으로 했고, 비문조차 안 되면 시를 썼을 거다.

    그런데, 하늘 높이 반짝이는 아득한 저 새벽별이 내 것이란 말인가.

    악마가 있는 탓에 신이 존재한다면, 신은 존재해서는 안 된다. 신이 있는 탓에 악마가 대적한다면, 악마는 존재해서는 안 된다. 나의 글은 누구 탓이 아니다는 것을 말해 두고 싶다.

    내겐 기저분자들이 있었다. 세포들이 있었다. 집합을 이루고 조직이 형성되었으며, 개체를 완성하였다.

2015년 2월

박노동

차례

책을 펴내며 • 04

● ─ I

지극한 비밀 • 13
회상 • 14
기름집 노인 • 16
인터러뱅 • 19
자감과 타감 사이에서 • 24
등잔불 • 29
어머니의 원단 • 33
고삽재 • 37
서답터 • 42
발자국 • 50
글쓰기에 대하여 • 53
자유에 부쳐 • 56
잡초 • 60
할머니의 노래 • 63
노인 • 68
백수(白壽)에 부쳐 • 71
고엽(枯葉)의 미학 • 75
조락(助落) • 79
신귀거래사 • 82
그늘에 대하여 • 87

●──Ⅱ

찰라의 환희 • 93
언어의 밑그림 • 94
아버지의 회초리 • 96
거울 앞에서 • 99
스스로 도왔다 • 102
귀소본능 • 108
복순이 • 111
안개 속에서 • 114
길에 대하여 • 117
사랑 • 121
목련꽃 • 123
이건 하느님 뜻인데 • 127
빛과 어둠 사이로 • 130
수능, 그 통과의례 • 138
비우기 • 142
눈 • 145
하늘눈 • 148
땅이 사람을 냈으니 • 151
황홀한 그늘로 • 155
프로크루스테스의 침대 • 158
가족 • 161

Ⅲ

단풍 • 165
동그란 음악 • 166
농대의 가을을 찾아서 • 170
태평양의 물 한 방울 • 173
한국사 시험 • 176
감나무의 세모(歲暮) • 180
구두끈을 풀어 매며 • 183
양성 교대 • 186
귀여운 악마 • 189
포장마차에서 • 192
맹인 부부 • 196
생각이냐 죽음이냐 • 198
과묵에 대하여 • 202
컴퓨터시대의 백락 • 205
IT시대의 언어 유전자 • 208
입시 추위 소고 • 211
인물사진 • 215
청소 • 219
자동출입통제장치 • 221
손님 • 223

●──── Ⅳ

친밀성, 접촉성, 친화도 • 227
타지마할 • 228
시간의 획득 • 230
명백한 것 • 231
아래를 내려다보다 • 232
바라나시 • 234
마니카르니카 • 235
웃는 거지가 더 번다 • 236
줄지 않는 줄 • 237
마흔 시간의 버스 여행 • 238
알라하바드의 길 • 240
우수리스크의 왕버들 • 242
몽당연필 끼우개 • 251
길바닥 도배 • 254
히라노 교수 • 256
투명 유리통 • 262
소요유의 세계 • 265
재활용의 경제학 • 270
신사의 계절 • 274
세상은 넓고 사람은 많다 • 276
궁금하다 • 279

● ─ V

코사마 야요이 • 285
불꽃 • 286
원고지 • 288
물고기의 개똥철학 • 290
복 있는 사람 • 293
연꽃 시간 • 296
밧줄 • 298
지구의 날에 • 300
천지는 비정하다 • 302
게으름 예찬 • 304
공평한 자산 • 306
비밀이 없는 사람 • 308
오동 • 310
친구 • 312
사람과 짐승의 차이 • 313
흑즉시공(黑卽是空) • 315
평화 그리고 통일 • 318
창조론 진화론 • 320
최고의 순간 • 321
드들강 • 322
더 많은 시간을 • 323
사분지일 • 324
철저한 죽음 • 326
영웅 존 글렌 • 327
변화와 개혁 • 329
몹쓸 세대 차이 • 331
내가 없으면 • 333
시냇물이 흘러 쌓이며 • 334

지극한 비밀

사람을 포함하여 반드시 그것을 뜯어먹는 것이 있어야 한다. 버섯을 먹어 치우는 또 다른 곰팡이 또는 세균처럼, 독사를 먹어 치우는 독수리 또는 세균. 사람을 먹어 치우는 뜨거운 불 또는 세균. 나무를 먹어 치우는 곰팡이 또는 달팽이 또는 지렁이. 이것이 윤회 아니고 무엇이냐. 순환 아니고 무엇이냐. 내가 너의 밥이 되고 너는 또 다른 생명의 밥이 되어야 서로 살아지고 풀리는 것.
비밀, 생명의 비밀, 우주의 비밀.
그 벤치 그 나무 그 그늘 그 향기 그 바람 그 소리 그대의 숨결 내 목덜미를 어루만지는 솜털 손길 그 그늘의 푸른빛 까치 지저귀는 빛 광합성하는 어지러운 소리 거기 네가 있네 거기 네가 기다리고 있네 새 아기 잠자는 듯 티 없이 어림없는 미소 그 간지럼 일렁이는 빛의 노래 쨍그랑 눈동자에 부딪는 소리 그 빛깔 네가 누워 있네 나를 바라보고 있었네 아무에게 들리지 않는 빛 그 음악 그 그늘.
나를 뜯어먹는 것이 너냐. 뜨거운 불이냐.

(2013)

회상

마을 어귀에 서 있는 팽나무는 내 나무다. 내 냇물이 흘러내리는 질펀한 내 바위는 비스듬하고 구부정하다.

냇물 건너 마주 바라보고 서 있는 내 서어나무들. 반듯하게 꽃처럼 살아라. 걷고 또 걸어야 해. 달려라! 그 사이 언뜻 자전거 굴러갔다.

자동차는 힘세고 빨랐다. 가만히 있지 말고 달려라. 높이, 더 높이, 산 너머 높이까지. 깜짝 비행기는 더 빠르고 더 멋졌다.

뭉게구름 하늘 찼다. 솔티재 위에서 보던 불타오르는 노을들. 그래, 오입 가는 거야. 몸부림치는 거야. 소나무 숲에서 구름이 피어올랐다. 다른 너를 보고 싶어. 주막에 가는 거야, 황홀했던 친구들아.

마을과 산과 숲은 비었다. 산골짜기는 텅 비었다. 걸어야 해. 교실과 도서관, 오로지 책 속으로!

질펀한 내 바위 위로 내 냇물이 흘러내렸다. 수풀에 숨어 버린 뱀처럼 아득히 사라졌다. 팽나무는 말이 없었다.

찬바람이 재촉하는 산골 마을. 무심한 구름이 흘러갔을 뿐. 배롱꽃은 정말 해로운 불이었던가. 구름은 쓸모없었다. 먼 곳에서 처음 본

코스모스는 상징이었다.
 육덕 좋은 백목련 공주의 봄이 있었다. 봤잖아, 변했잖아. 한탕, 하는 거야. 자귀나무 꽃이 덮고 지나갔다. 배롱나무의 타는 불꽃이 꺼졌다. 논배미, 나락, 쌀. 코스모스 계절이 이미 지났다. 나는 포인세티아 계절을 맞았다.
 팽나무는 벼락을 불러라. 배롱나무는 다시 불을 질러 바다처럼 엎질러져라. 나는 어떻게 떳떳하였던가.

(2007)

기름집 노인

　사람마다 길고 짧은 사연이 있다. 아무리 평범하게 성장하였다 해도 나름대로 크고 작은 굴절이 있다.
　중학교에 다닐 때였다. 산골 마을에 전기가 안 들어오니 등잔불과 호롱불을 놓고 생활하였다. 2번 국도를 따라 편도 8㎞를 걸어 통학하면서 기름을 사 날랐다. 아침 등굣길에 읍내 신시장통 기름집에 기름병을 맡겨 두었다가 하굣길에 받아 들고 집으로 돌아왔다.
　산골의 농촌 생활이란 매우 핍진하고 가난하였다. 종일 고단한 농사일에 지친 나머지 초저녁이면 다들 불을 끄고 취침에 들었다. 나 혼자 불을 켜고 공부를 하였다. 등유는 혼자 다 쓰는 셈이었던 것이다. 그러므로 자연히 일정한 터울을 두고 등유를 사서 나르게 되었다.
　그러던 중 어느 날이었다. 등유를 받으러 기름집에 들어갔더니, 평소 말수가 적은 기름집 주인 정 씨 노인이 물었다.
　"오랜만이구나. 어째서 이렇게 오랜만에 받으러 왔느냐?"
　나는 당황하였다. 내 부끄러운 곳이 다 드러난 것 같았다. 얼굴이 달아오르고 호흡이 빨라졌다.

"네가 요새 공부를 안 하는 것 같구나. 애야, 마음을 다잡고 열심히 하도록 하거라."

정처 없는 청춘의 번민은 누구에게나 때를 가리지 않고 찾아오는 법이었다. 나는 고민에 빠져 공부를 거의 그만두고 있었다. 가고 싶은 고등학교에 보내 줄 가정 형편이 아니었다. 설령 고등학교에 간다 해도 인생을 역전시킬 자신이 없었다. 염세적 충동에 동조하고 있었다. 새벽이면 콧구멍이 새까맣게 그을음을 피우며 밤을 밝히던 호롱불이 꺼져 있었으니, 등유가 더디 소모되었다. 오랜만에 띄엄띄엄 등유를 받으러 갔던 것이다.

"예, 할아버지."

난 도망치듯 기름집을 나왔다. 노인이 어떻게 내 공부 안 하는 것을 바로 꿰뚫어 볼 수 있을까. 평소 무심한 듯하였지만, 내게 관심을 가지고 살폈다는 것 아닌가. 누구는 보름마다 등유를 받으러 오고 누구는 세이레마다 받으러 온다는 것을 다 파악하고 있었다는 것 아닌가.

나는 공부는 내가 하는 것, 그것은 하든 말든 내게 달린 것, 그리고 책임은 내가 지면 그만인 것이라고 생각했었다. 그런데 그게 아니었다. 부모님뿐만 아니라 선생님뿐만 아니라 기름집 노인과도 어떤 끈으로 함께 묶여 있을 줄이야! 기름집 노인이 다 지켜보고 있지 않은가.

명심해야 할 것이 있다. 우리는 꽃이나 별들과 마찬가지로 다 같이 우주의 자녀라는 사실을. 오직 내 자녀에만 관심을 갖고 가르쳐서는 내 자녀가 잘된다는 보장이 없다는 것을. 우리는 만수산 드렁칡과 그물코의 매듭처럼 하나의 끈으로 서로 얽히고설킨 채 연결되어 있다는 진실을.

그때 노인의 말 한마디가 절망의 나락으로 떨어지던 나를 붙들어 올리고 일으켜 세워 주었다. 내 곁에 기름집 노인이 계셨다는 것에 감사한다. 그분은 평생 나의 스승이셨다. 누구 곁에나 자기의 기름집 노인이 있을 줄로 안다.

(2014)

인터러뱅

의문부호 '?'와 감탄부호 '!'를 조합한 '?!'을 인터러뱅(Interrobang)이라고 한다. 의심과 놀라움, 분노와 연민, 환희와 두려움, 사랑과 배신이 교차하고 혼재된 감정을 나타내고자 억지로 조합해 낸 부호다. 의문부호와 감탄부호의 혼성 또는 사이일 수밖에 없는 인생의 인터러뱅?!..

이런 쌍판이라니
한쪽 눈엔 눈물 다른 눈엔 실웃음
빌어먹을 종자!?

미국 현대미술을 대변하는 팝아트의 거장 앤디 워홀과 로이 리히텐슈타인. 코카콜라와 마릴린 먼로 같은 대중문화 이미지를 변형한 앤디 워홀의 작품을 볼 때나 만화, 신문, 잡지, 광고에서 빼낸 이미지를 변형시킨 리히텐슈타인의 작품을 접할 때면, 미국다운 가벼운 팝아트로구나!? 하며 감탄과 탄식이 교차한다.

리히텐슈타인의 1964년 대표작 「행복한 눈물」은 마이크 세코스키의 만화를 유화로 옮겨 그린 것이다. 너무나 행복한 나머지 두 눈 가득 눈물이 고인 촌티 나는 빨강 머리 도시 여인의 인터러뱅! 행복과 눈물의 혼효? 절정에 다다른 여인의 한 순간?! 우연한 사고로 한국민들을 인터러뱅한 내력 있는 눈물!? 유화의 깊고 고상한 취향을 처음부터 거세해 버렸기에 전혀 저질 싸구려 느낌의, 가격이 100억 원 정도라면, 인터러뱅하지 않을 자 누구인고.

서쪽 가지엔 빨강 장미꽃, 동쪽 가지엔 푸른 상여꽃,
한 가지에선 속 깊은 양귀비꽃이 가랑이를 벌리며 진액을 쏟고
다른 가지에선 씹히지 않는 황금 사과가 뱀의 아가리를 찢는다.
음탕한 종자들!?

지난겨울은 몹시 춥고 눈이 많았다. 전남대 교정에 소담소담 자라던 철쭉들이 동해를 입어 더러 벌겋게 말라죽었다. 올봄 동일본 대지진과 해일, 그리고 후쿠시마 원전 폭발로 국민들이 방사능 물질에 대해 극히 두려움을 느낄 때쯤, 대강당 앞에 대명매(大明梅)가 어렵사리 피었다. 이어서 법대와 사대 앞에 백목련, 농생대 교정에 개나리와 왕벚꽃이 겨우 개화하였다. 꽃들이 늦둥이가 되었다. 정문과 사대부중 사이 길가에는 복사꽃이 요상하게 피었다. 연분홍 꽃가지 사이에 듬성듬성 흰꽃 붉은꽃이 섞여 피는 것이다. 참 신묘하니!? 신통방통 인터러뱅?!

이런 못돼 먹은 천하라니,
민주 전라도, 한나라 경상도라니,
조선인민공화국, 대한민국이라니,
빌어먹을 음탕한 종자들?!

내년에도 이렇게 묘용(妙用)하게 가슴에 불을 질러 놓아줄 것인지 알 수 없다. 이렇게 뒤섞여 피는 것이 정상인지 불완전한 것인지 알 수 없다. 보았다지만 본 바가 너무 적고 아는 바가 빈약하여 판단이 완전할 수 없다. 누구에게나 해당되는 불완전의 조건이다.

지진은 과연 두꺼비가 땅속에서 등짝을 흔들어서 생기는 것인지 아닌지, 말하기 어렵다. 쓰나미 탓에 원전이 폭발하였는지 아닌지, 옳게 설명할 수 없다. 동일본 지진이 도쿄도지사 이시하라 신타로의 말대로 천벌을 받은 것이라고 고집할 수도 없다. 꽃들이 순서도 없이 핀다고들 하지만 나무랄 수 없다. 왕벚꽃이 개나리보다 먼저 피었다고 해서 불완전하다고 단정해서는 안 된다. 겨울을 넘기고 보니 다수의 철쭉이 죽었지만, 이것이 추위 탓이라고 주장할 수 없다.

우주는 완전 불완전에 관심이 없다. 보이기도 하고 보이지 않기도 한 것이 아름다움이며 조건이다. 아름답기도 하고 음탕하기도 한 것이 완전이며 조건이다. 소위 묘용(妙用)!

홀딱 벗은 장미꽃밭에 죽음으로 후려치는 핵발전꽃
보세요 쌍판을 보세요 개벽 천하를

달콤한 자본주의 아편과 살찐 하느님의 뱀들을
　　보세요 빌어먹을 음탕한 인터러뱅!?

　게다가 빨간 입술을 반쯤 벌리고 애처로운 눈빛을 한 빨강 머리의 여자 캐릭터?! 보고 있자면 역시 애증이 엇갈린다. 여자는 누구일까? 이미 유명해져 버린 마이클 잭슨이나 모택동 같은 인물과 캠벨 수프 깡통 같은 상품의 이미지를 조작하고 덧칠하여 세상에 던져 놓는 것에 불과한 이것들. 그림자조차 없는 유(類)들이 예술품의 반열에 오른 것은 왜일까? 리히텐슈타인이나 앤디 워홀 같은 작가들이 미국이라는 토양에서 배출된 배경은 따로 있는 것인가? 오케이목장의 결투처럼 예술-반예술 대결의 장이 미국뿐이었던가!

　　울어라 종자야, 네가 누려 온 흑백의 누런 정신을
　　울어라 종자야, 네 몸에 지닌 알 수 없는 유전자를
　　울어라 종자야, 네 거룩한 문화의 삽을 대고 울어라?!

　전통이나 문화나 역사는 존재의 토양이다. 과학기술에도 이것이 있다. 리히텐슈타인의 「행복한 눈물」처럼 멈춰선 것도, 「차 안에서」처럼 달리는 것도, 기쁨과 슬픔도, 싸구려도 명품도, 성공과 좌절도, 예술과 반예술도, 역사와 전통도, 애통과 환희도, 사랑과 배신도, 그리고 삶도 죽음까지도, 두루 절대 토양이다. 우주는 인터러뱅이 아닌가.
　내 일생은 의문부호투성이였다. 불가사의였다. ?! - 의문부호의 구부러진 허리를 반듯이 펴면 드디어 감탄부호가 될 것 같았지만, 그렇지는 않았다. 구부러진 것은 결코 펴지지 않을 것이며 몽둥이는 구부러지지 않을 것이다.

(2011)

자감과 타감 사이에서

　식물은 한번 땅에 뿌리내리면 제자리에서 일생을 마친다. 싹이 돋고, 성장하고, 꽃 피우고, 열매 맺고, 죽기까지, 모든 과정을 한자리에서 마친다. 따라서 수분, 양분, 햇볕, 가지를 뻗을 공간을 확보하려고 이웃과 어쩔 수 없이 경쟁을 벌이게 마련이다. 뿐만 아니라 병원균과 해충의 침입에 대항하여 싸워야 하며, 비바람과 태풍의 물리적 위협을 감당해야 하고, 추위와 한발도 감수해야 한다. 동물이라면 자리를 옮기겠지만, 식물은 모든 도전을 제자리에서 감수하고 극복해 내야 한다.
　한 그루 나무나 한 포기 풀이 생존을 위하여 터득한 지혜는 헤아릴 수 없이 많다. 그중 근래 관심을 끄는 것이 식물 상호 간의 타감작용(他減作用 Allelopathy)이다. 이웃과 경쟁하면서 살아야 하는 한계를 달리는 극복하지 못하고, 소위 타감물질을 미량 생산하여 이웃의 생육을 정교하게 억제함으로써 양분과 햇볕과 공간을 유리하게 확보하는 현상을 일컫는 것이니, 어찌 놀라운 지혜가 아니겠는가.
　나다니엘 호손의 『주홍글씨』를 다시 읽으면서 타감작용을 새로

이 떠올랐다. 주인공들의 어둡고 비극적인 조우와 종말은 한번 뿌리 박고 나면 어쩔 수 없이 제자리에 매여 살면서 삶의 질고를 견뎌 내야 하는 나무의 숙명적 생리를 빼닮았다. 딤즈데일 목사를 교묘하게 고사시키는 주치의 칠링워스의 간교하고 음흉한 미소와 신기에 가까운 의술. 주치의를 가까이 할수록 가련한 청년 목사는 더욱 괴로움에 빠졌으니, 칠링워스가 뿜어내는 그 무엇이 그에게 특히 해로웠기 때문이 아니었을까.

    남의 삶을 꺾으려면 회의하지 말고
    오직 목적만 생각해야 한다!
    그러면 삶은 늘 정당하고
    흠 없을지니*

  이는 식물세계의 타감작용과 맞먹는 것이 인간 세상에도 흔해 빠졌다는 것을 시사한다. 이것은 과연 무엇일까. 결코 눈치채지 못한 가운데 딤즈데일 목사를 아주 서서히 죽음으로 몰고 갔던 칠링워스의 타감의 본체는 무엇인가.
  인간의 지략은 아무래도 식물보다 더 정교하고 고상할 것이다. 훨씬 많은 수의 타감물질을 쓸 것 같고 훨씬 교묘한 타감작용으로 상대를 제압할 것 같은데, 그런만큼 인간의 무엇이 타감의 본질인지 쉽게 떠오르지 않는다.
  여기 독특하고 역겨운 냄새가 나서 가까이 하기 싫은 사람이 있다. 잠깐 지켜보니, 그는 냄새를 없애려고 하루 세 번 샤워를 하고 값비싼 향수를 뿌리지 않는가. 이웃을 괴롭히려고 고의로 냄새를 악용할 의사가 절대 없음을 확인한 셈이다.

그런즉 사람은 식물처럼 타감물질을 발산하여 타인의 활동이나 성공을 훼방하는 것 같지는 않고, 무언가 있다면 그것은 공작에 해당하는 어떤 것이 아닐까. 권력과 재력과 지력을 쟁취하여 자신의 활동 반경을 넓히고, 지위를 누리고 확고하게 다지고자 하는 고등술수 말이다. 하지만 이 논리는 교과서적이라는 느낌이 짙다.

차라리 일상에서 자주 느끼는 한기(寒氣) 같은 것이 인간 사회에서 벌어지는 타감작용의 매체가 아닐까. 거만하고 싸늘하게 부릅뜬 눈, 뽀도독 갈아 대는 이빨, 면상을 위협하는 주먹, 가슴을 짓이기는 손가락, 굳게 다문 입술, 간교한 미소, 비아냥대는 말씨 등. 이들은 손톱 밑을 찌르는 바늘 바람의 고문(拷問) 같은 것이지만, 어쩐 일인지 형법이나 민법에서조차 사소한 것으로 취급하여 징치의 대상으로 삼지 않는 바이니, 무의식을 가장한 교묘한 타감작용의 수단으로 그럴듯해 보인다.

우리는 분노가 아니라 웃음으로써 사람을 죽이고 있다.**

그러면 딤즈데일 목사를 서서히 죽음으로 몰아붙인 칠링워스의 타감성분은 무엇이었는가? 고요하고 은밀하며 친근한 가운데 미묘하게 작용하는 어떤 성분들- 냉혈의 뱀눈처럼 번들거리는 눈빛, 그와 마주친 사람이면 누구나 느끼는 바와 같이 머리털이 곤두서고 등골이 오싹해지는 한기, 마치 울면서 웃는 것 같은 음흉한 미소, 은근하나

예리한 바늘 같아서 차라리 죽음을 갈구할 만큼 통렬하게 후벼 파는 언어가 칠링워스의 계산된 타감공작(他減工作)의 수단이었다.

인간이 발휘하는 가장 강력한 두 가지 타감공작은 역시 눈과 혓바닥이 아닌가. 싸늘하고 표독스럽고 음흉스럽고 위압적인 눈빛은 얼마나 진저리치는 것인지, 상대를 억압하고 기를 꺾으며 심지어 살맛까지도 앗아가는 것이다. 이보다 더욱 무서운 타감공작은 세 치 혓바닥이 모사(謀事)하는 것으로, 비방, 면박, 모욕, 비꼬기, 시기, 언쟁, 감언이설(甘言利說)이 그것이다. 그러나 혓바닥 공작은 신사적이어서 얼른 눈에 띄지 않는다.

타감의 도구들은 최소한의 삶을 유지하고자 하는 작고 섬세한 수단에 불과한 것이지만, 『주홍글씨』에서 보는 바와 같이 지성적이며 신앙심 깊은 딤즈데일 목사의 목숨까지 빼앗는 파괴적인 힘을 발휘한다. 그러므로 나 같은 필부필부(匹夫匹婦)들이 얼마나 자주 살인적인 타감공작의 희생제물이 되고 있는지 다 헤아리기 어려울 것이다.

그러나 식물 사회학자들은 이외에 식물에는 자신이 만들어 낸 물질 때문에 오히려 해를 입는 자감작용(自減作用)이 작동하여 타감과 균형을 맞춘다는 것을 밝혀냈다. 이는 자업자득(自業自得)이니, 자승자박(自繩自縛)이니, 하는 경구들이 경고하는 진리라고 할 것이다. 딤즈데일 목사가 숨을 거두자 더 이상 원수 갚을 일이 없어진 칠링워스가 곧 비참하게 눈을 감게 되었다는 『주홍글씨』의 이야기는 인간 사회에서도 자감작용이 작동한다는 증좌가 아닌가.

나는 이제껏 타감과 자감이라는 위험한 강안(江岸) 사이를 항해하여 왔다. 잘난 체하며 남을 겁박하고 고초를 끼치는 것은 타감의 스킬라(Scylla) 바위에 부딪혀 나 또한 난파당할 위험이 있었고, 그렇다고 기도 펴지 못하고 움츠린 채 생애를 헤엄치는 것은 자감의 카리브디스(Charybdis) 소용돌이에 휘말려 들고 말 위험이 있었던 것이다. 나의 뱃길은 두렵고 험난하였다.

    지식의 입을 밑천으로 삼는 교수이면서도 대화 가운데 본의 아니게 상대방의 마음에 상처를 입히고, 나도 상처를 받는 경우가 아직 다반사이니, 나는 주치의 칠링워스인가, 아니면 딤즈데일 목사인가.

(1999)

* 조은의 시 「남의 삶을 꺾으려면」에서.
** 니체의 책 『차라투스트라는 이렇게 말하였다』에서.

등잔불

 간밤 꿈에 이상한 광경을 보았다. 흰 눈이 펄펄 날리는 가운데 고속도로는 물론이고, 소로 대로 구분 없이 자동차와 사람들로 장사진을 이룬 채, 밤과 낮을 길 위에서 뜬눈으로 보내고 있었다. 설을 쇠러 고향을 찾아 나선 사람들이었다.
 나는 꿈을 되짚어보며, 가히 아름다운 전쟁이로구나 하며 찬탄하였다. 무엇이 우리를 고향으로 이끌어 가는가. 매스컴인가. 얄팍한 상술에 속은 것인가. 동무 따라 강남 간다고 대중심리에 못 이겨서 나선 것인가. 멀리 있으므로 찾아 나선다는 말처럼 동경과 호기심에 겨워 나섰는가.
 어려서 설을 기다리는 마음은 설레기만 하였다. 설이 가까웠구나 하는 것은 어머니의 손놀림과 손에 잡힌 것을 보고 안다. 겨우내 긴긴 밤을 어머니와 할머니는 바느질로 지새우기 일쑤였다. 장롱에서 베 필을 꺼냈다 들여놨다 하면서, 우리들의 헌옷가지를 유심히 살펴보고, 손때 묻은 잣대로 치수를 재고(잣대는 때때로 회초리가 되기도 하였다), 베 필을 잘라서 재단을 하고, 며칠 후에는 듬성듬성 호아서 꿰

맨 것을 입어 보게 되고, 그리고 어느 날 번듯한 새 옷이 지어졌던 것이다. 재봉틀이 생긴 것은 훨씬 나중 일이므로 옷가지는 전적으로 어머니의 바느질로 지어졌다.

　희미한 등잔불을 옆에 두고 팔목을 어깨 위로 들어 올렸다 내렸다 하면서 고개를 숙인 채 바느질에 정신이 팔려 있는 어머니. 그 무릎에서 잠이 들었다가 잠시 눈을 치올려 떠 보면, 그 자세 그대로였다. 때로는 나지막하게 무슨 시름가를 읊기도 하면서, 사랑의 눈빛으로 지긋이 내려다보는 어머니.

　그때 방 안에 파도가 일었다. 어머니와 옷감과 등잔불이 삼박자가 되어 연출해 내는 파노라마였다. 어머니의 감정의 색조와 높낮이와, 손놀림의 빠르기와 섬세함에 따라 손에 들린 옷감이 흔들렸다. 흔들림은 이어서 등잔불을 건드리고, 드디어 불꽃의 유연한 율동은 방 안에 있는 모든 것들을 운동의 세계로 끌어들였다. 나는 가쁜 가슴으로 잔잔한 겨울 파도를 타는 환상에 젖기 시작하였다.

　은밀한 흥분과 놀라움은 때때로 색다른 구석에서 일어났다. 겨울 밤 차가운 북풍이 뒤란 대나무 밭을 쓸고 지나가면 싹싹한 바람 소리가 겨울 동치미국물처럼 속을 시원하게 하였다. 문풍지 사이로 불어 들어오는 칼바람이 등잔불을 덮칠 때, 자지러질 듯이 검은 연기를 피워 올리며 옆으로 눕는 불기둥. 나는 숨을 멈추고 침묵 속에 기다렸다. 한순간이 지나고 등잔불이 다시 일어나 방 안을 밝히면 이야기를 잇거나 일을 계속할 수 있었다. 내 마음의 채색과 명암은 시시때때로 조도를 달리하는 등잔불에 달려 있었다.

　등잔불이 만들어 내는 공간과 그림자. 등잔불은 공간을 만들어

주었고, 따뜻한 것이었다. 그것은 춤을 연상시켰다. 누워서 올려다보거나 옆으로 보는 식구들의 그림자. 두 손으로 벽 위에 만들어 보는 형상들과 율동. 그림자는 살아 움직였다. 꿈틀댔다.

그러나 흔들림은 곧 이것이 꺼지면 어떡하나 하는 불안감과 맞닿아 있었다. 따뜻한 공간이 와해되어 버리지나 않을까.

모두들 잠든 깊은 밤에
그림자를 접었다 폈다 몸부림치는
저것이 삶이라니*

어머니는 거기 계셨다. 혹시 꺼지지 않을까 염려되는 곳에. 별의별 그림자를 만들며 등잔불처럼 계셨다. 그곳에 등잔불로 세계를 지키며 밤마다 바느질을 하셨다.

내가 군복무를 하는 사이 동네에 전기가 들어왔다. 팔뚝만 한 전봇대에 가늘고 까만 전선이 걸리고 그 끝에 전등이 매달려 있었다. 이상한 일이었다. 미라처럼 고정된 전등 아래서 보는 어머니는 내가 평소 그리워하던 것보다 왠지 친밀감이 덜하였다. 전깃불로 방 안의 그림자가 박제되어 버린 탓이었는지. 살아서 움직이던 어머니의 그림자를 그리워하는 탓이었는지. 한껏 녹염(綠染)이 짙은 경관을 한낮에 촬영하면 어찌된 영문인지 채색이 날아가 버리고 얕은 사진이 되고 말듯이, 조도가 너무 강한 탓이었는지.

명절이 돌아올 때면 나는, 내게 익숙한 정형의 틀 안으로 어머니를 모시고 들어오는 버릇이 있다. 어머니는 흔들리는 등잔불 곁에서

설빔을 준비하시느라 무명베 필을 끊어 바느질을 하시고, 나는 아이인 채로 무릎을 베고 누워 도깨비 방망이를 두드리며 새 옷이 더럭 만들어지기를 기다린다. 마침내 어머니의 손끝에서 편안한 그늘과 그림자들이 다시 일렁이는 것이 보이면 멀리 객지에서 당신의 손주들을 데리고 새 옷을 짓고 계시는 어머니를 뵈러 나서는 것이다.

  이렇게 하여 모든 자식들은 고향으로 안겨 들어오는 것이 아닌가. 그들은 등잔불 속에 어리는 어머니의 말랑말랑한 그림자 형상을 그리며 천리길을 멀다 않고 흰 눈이 날리는 가운데서 장사진을 치고 뜬눈으로 밤을 지새우고 있었다.

(1994)

* 조은의 시 「뇌 속이 기왓골처럼 밟힌다」에서.

어머니의 원단

오늘 정월 초하루는 지난해와 퍽 다른 느낌이다. 작년에 아버지를 여의었다. 가족들이 모여 시끌벅적한 가운데도 어머니는 쓸쓸해하신다.

생명분자들 가운데 가장 중요한 핵산과 단백질은 흥미롭게도 공통적으로 나선형 구조를 가진다. 구조는 이미 정해진 핵심 알맹이들로 반복적이며 규칙적으로 꽉 채워진다. 일정 간격을 두고 일견 제자리로 돌아오는 나선구조를 가졌지만 각 위치마다 담고 있는 정보는 서로 다르다.

시간도 마찬가지 아닌가? 시간은 눈에 보이지 않는다. 대신 사물의 변화와 운동으로 나타난다. 연속적 흐름의 시간도 물질계와 마찬가지로 나선형 운동의 구조를 갖는다는 추론이 가능하다. 4계절과 24절기가 순서에 따라 돌아온다. 하루에는 새벽이 있고, 아침, 정오, 저녁 그리고 자정으로 이어진다. 이것이 시간 흐름의 나선성이 아닌가.

어느 누구도 정월 초하루를 무심히 보내지 않는다. 이날을 기점으로 누구나 자기의 시간을 셈해 보고 남은 날을 헤아린다. 이 날이 인류 공동의 생일인 것이다.*

오늘 정초는 지난해와 다른 초하루임이 틀림없다. 지난해 정초 가졌던 감상과 의지와 희열을 오늘 아침에도 느낄 수 있지만, 그것은 유사한 시간과 공간 가운데에서 회상되는 비슷한 감상에 지나지 않는다. 결코 반복적인 순간이 아니다. 순간은 언제나 다른 문이다. 이미 다른 문을 통과하였다.

지난해 내 거동을 시간의 나선운동 궤적 위에서 추적하면, 올해 각 순간의 내 위치와 변화와 속도를 가늠할 수 있다. 사회적, 생물적, 문화적 위치까지 가늠할 수 있다. 다람쥐 쳇바퀴 돌 듯하다는 표현의 소극적 의미망에서처럼.

새해엔 어떤 운명이 기다리고 있을까? 누구나 궁금해 한다. 기대와 설렘 탓에 어서 내일의 뚜껑을 열어 보고자 안달복달하는 것이 아닌가? 보다 부유한 삶, 행복한 삶을 원하는 절망적 희망이 지난해의 액운을 잊게 하고 내일은 더욱 마력적으로 분장시킨다.

저주로다, 지난해의 액운이래도 올해는 보다 좋은 증거가 될 뿐.
아니면 최악으로 지난해를 보냈듯 아무렴 올해 또한 겪어 보내지.
그러면 좋은 해가 다음에는 따라오는 법.**

이런 자기 최면이나 용기마저 없었더라면 지리멸렬한 삶을 어떻게 겁내지 않고 견뎌 내겠는가. 위대한 삶은 지리멸렬한 시작과 중간 갈등과 최고조의 희열과 쓸쓸한 마무리로 짜여 있는 법. 그러면 어느 순간, 무엇이, 나의 기쁨을 최고로 끌어올렸던가.

어려서 나는 어머니가 손수 지어서 입혀 주시는 무명옷을 최고의 선물로 받아 입었다. 설날이 다가올수록 어머니의 바느질 손놀림은 빨라지고 섬세해졌다.

그것은 시간 사업이었다. 초여름 보리를 베어 낸 밭에다 미영 씨를 뿌리고 북을 돋우어 키운다. 가을에 미영을 따서, 솜을 탄다. 물레를 자아 실을 뽑아 초겨울에 베를 난다. 베틀에 앉아서 밤새워 피륙을 짠다. 그리고 염색하고, 재단하고, 바느질하여 옷을 만든다. 어머니는 길고도 복잡한 공정을 다 감당하셨다. 이것은 정성과 기술과 시간의 공정이었다.

드디어 설날 아침, 시간에 감사하면서, 내게 옷을 입히고, 많이 컸다는 뜻으로 일부러 올려다보며, 만족해하시는 어머니. 복잡하고 고된 사랑의 사업. 내게 무명옷 한 벌을 만들어 입히는 커다란 시간 사업은 이렇게 마무리를 보았다. 이것이 어머니의 기쁨, 보람, 최고의 희열, 갈등의 해소, 가치의 창출이었던가. 새해 아침, 어머니는 시간 나선의 최고 순간속도를 즐기셨던 것 같다.

비록 단속 없는 시간임에도 불구하고, 절기를 분별하여 시간에다 매듭을 지어 놓은 사람의 지혜와 약속에서 원단은 시작되었다. 당신의 아들을 사랑하는 어머니의 한없는 사랑. 새해 아침에는 반드시 새 옷을 지어 입히겠다는 결심과 노력으로 발현되었던 사랑. 그 결산을 보는 순간이 설날 아침이었다.

　어머니의 삶을 생각해 본다. 보람과 기쁨과 아픔의 회오리 가운데서도 나를 품고 사셨다. 이미 엷어지는 햇살, 차가워지는 바람, 쓸쓸한 낙엽의 계절이 닥쳤다. 구순을 바라보는 어머니는 바람에 펄럭이는 메마른 이파리처럼 가볍다.

　그 번민과 고뇌와 치러내야 하는 전쟁 같은 날들이 싫어 다시
　돌아가고 싶지는 않다. 삶은 한 번으로 충분해.***

　나선 핵산은 복제되어 수없이 많은 자기를 만들어 내지만, 나선 시간의 화살은 상처를 내며 뚫고 지나갈 뿐 복제는 없다. 다시 돌아가고 싶어도 돌아갈 수 없다.
　어머니와 나는 시간으로부터 점점 멀어지고 있다. 시간의 화살이 나와 어머니의 간격을 점점 멀리 벌린다. 바로 곁에 계신데도 멀리 계신 것처럼 희미하게 느껴진다. 언젠가 그 거리마저 소멸되고 말 것 아닌가.
　어느 해보다 더 쓸쓸해 보이는 어머니. "사랑하는 내 엄마." 하고 속으로 불러 보는 설날 아침. 서글프다.

(2009)

　　* 찰스 램(Charles Lamb)의 「제야」에서.
　　** 찰스 코튼(Charles Cotton)의 「The Complete Angler」에서.
　　*** 금련화의 「발자국마다의 기쁨」에서.

고삽재

국민학교 3학년 때 엄마를 찾아 집을 나섰다가 아직도 미아인 채로 집 밖을 헤매는 내 이야기를 들려드리고자 한다.

동네를 살짝 감아 싼 산어귀를 벗어나니 신작로를 따라 줄지어 늘어서 죽죽 곧은 포플러가 늦여름을 빛내고 있었다. 나는 내를 건너며 얼굴을 물에 비추어 봤다. 바닷가로 개발하러 간 엄마를 마중 나가는 조그맣고 창백한 소년이 거울에 비칠 뿐. 시원한 물. 조막손으로 바가지를 만들어 한 움큼 마셨다.

내를 따라 내려가면 주막거리와 고삽재로 가는 길과 옹구점 동네가 나온다. 예닐곱 채 집들이 늘어서 있는 주막거리. 주가에서 술을 팔고 나그네를 재워 주기도 하였다.

한번은 외삼촌이 오시어 술을 받아 돌아오는 길에 결혼한 지 얼마 안 되는 집안 형님을 만났다. "애야, 어디 보자." 하고 불러 세운 뒤 주전자를 받아서는 뚜껑에다 수월찮게 부어 마시고는 냇물을 그만큼 채워서 되돌려 주는 것이었다. 나는 겁이 났다. 아버지와 외삼촌이 한 사발씩 마실 때 곁에 서서 두 분의 안색을 살폈다. "거참, 맛 좋다." 거의 동시에 터져 나온 탄성. 난 안도의 한숨을 쉬었다.

주막거리를 지나 한 번 더 내를 건너서 나락꽃이 하얗게 핀 손바닥만 한 들녘 가운데로 걸었다. 제법 덥던 기운이 식고 선들바람이 일어난다. 나락꽃이 필 때 바람이 선들선들 불어야 알이 야물게 여문다는 어른들의 말이 떠올랐다. 나락꽃은 8월 하순 피기 시작하고, 꽃이 피면 들녘이 환했다. 마음이 넉넉해지기도 하고 걱정되기도 하는 나락꽃 필 무렵. 태풍을 맞으면 모가지를 꼿꼿하게 세우고 하늘에 대들었다. 어른들은 탄식했다.

"올 가실은 베렸네."

고삽재 너머 서랑뎅이 앞에 바다가 있다. 혼자 길을 걷자니 외로움과 두려움이 일었다. 어디쯤에서 엄마를 만날 수 있을까. 길이 엇갈리지는 않을까.

솔티재 쪽에서 산 그리메가 성큼성큼 뒤따라온다. 그리메가 움직이는 것이 눈에 보인다. 이슬이 내려 나락꽃을 촉촉히 적셔 주면 붉은 해는 어둠을 내뿜어 들판을 까맣게 덮어 버릴 것이다.

'애들과 같이 올 걸 그랬지? 혼자 가다가 어두워지면 어쩌지?'

걱정이 되었다. 고삽재를 올려다보니 인기척이 없다. 서랑뎅이 개펄에 물때가 맞지 않아서 늦어지는지도 모른다.

'여럿이 함께 개발하러 갔으닝께 울 엄마도 항꼬네 오것지.'

바구니에는 게, 낙자, 대합, 바지락, 맛, 이런 것들이 들어 있을 것이다. 엄마를 만나는 보람! 그런데, 어른들은 어찌 산골에 앉아서도 물때를 훤히 알 수 있을까?

뒤돌아보니 솔티재 위로 저녁놀이 붉다. 곱긴 고운데, 엄만? 엄마의 치맛자락을 붙잡고 노을을 본다면 얼마나 좋을꼬. 어두워지는데, 어떡헌담. 돌아갈까? 그러나 계속 걸었다.

고삽재 꼭대기 밑에 당도하였다. 여기서 구길과 신작로가 갈린다. 어느 길로 가느냐? 망설였다. 구길은 사람이 겨우 다닐 정도로 가파르고 비좁은 바윗길이지만, 발바닥으로 만든 길이라 친근함과 익숙함을 준다. 내게도 이 길은 익숙하다.

밥해 먹고 쇠죽 쑤고 군불 때는 연료는 전적으로 산에서 나는 나무와 잡풀이었다. 나무를 베다가 장작을 패서 쇠섬 앞의 술도가에 내다 팔았다.

신새벽 첫닭이 울면 동네는 개 짖는 소리로 요란해진다. 어른 아이 할 것 없이 장작을 이고 지고 동네를 나선다. 장작 두 다발을 지고 나도 따라 나섰다. 산감의 눈을 피하여 새벽어둠 속에 나서는 것이다. 달이 밝은 때에는 초저녁에 나설 때도 있었다. 내를 건너고, 들길을 지나고, 산길을 따라 고삽재를 넘고, 동네를 지나면 개가 짖어 대고, 동네를 또 지나면 개가 또 짖어 대고, 어렴풋이 바다가 보이고, 국민학교 뒤편 언덕을 지나고, 먼동이 트고 섬이 기지개를 켜고……. 아, 굴뚝이 보이고, 산더미 같은 장작더미가 보이고……. 얼마의 돈을 받아들고 빈 지게로 바다와 쇠섬을 등지고 다시 고삽재를 넘어서 집으로 돌아왔었다.

몇 년 전이었을까? 한 패의 군인들이 고삽재에 신작로를 내기 시작하였다. 괭이와 삽과 곡괭이 대신 트럭이라는 것과 다이너마이트라는 것과 불도저라는 것으로 산을 허물었다. 솔티재에서도 멀리 고삽재에 공사판이 벌어진 것이 내다보였다.

옛고삽재와 새고삽재가 생긴 것이다. 나는 어른들이 다니기에 어떤 길이 더 좋을까 하고 궁리하였다. 옛고삽재는 울퉁불퉁 바윗길인데다 경사가 급해서 코가 닿을 지경으로 험하다. 공사하다 그만둔 새고삽재는 넓고 덜 가파르다. 새 길은 낯설지만 힘이 덜 들 것이다. 이 길이냐, 저 길이냐?

새 길을 택했다. 새 길로 가야 엄마를 만날 수 있다! 나는 엄마를 만날 것이다!

그러나 나는 개미 한 마리와도 마주치지 않고 고개를 넘어서고 말았다. 사방이 어두워졌다. 걸음이 빨라지더니, 나도 모르게 달리고 있었다. 사방이 어둡다. 틀린 모양이다, 길을 돌려야겠구나, 하고 생각을 해 보지만, 공포심에 재를 거꾸로 넘을 용기가 생기지 않았다.

앞에 지게를 지고 소를 몰고 가는 사람이 보였다. 나는 훌쩍거리면서 그분의 뒤를 졸래졸래 따라갔다. 그분이 말을 걸어 주었다.

"어데 사느냐? 왜 혼자냐? 너의 아버지의 함자가 무엇이냐?"

"그러냐. 네 아버지와 잘 아는 사이다. 괜찮다. 따라오너라. 우리 집에 가서 자고 내일 돌아가거라. 괜찮다."

면소재지 서랑뎅이. 그분의 마당 모깃불을 쐬면서 콩국수를 먹었다. 낯설음과 피곤과 잠. 새길과 구길의 갈림목. 어두움과 공포심과 잠. 엄마와 고삽재와 잠. 낙담과 두려움은 잠을 예비하는 법이어서, 곧장 잠의 초대를 받았다.

잠결에 개 짖는 소리와 함께 웅성거리는 소리가 들려왔다. 사립에는 아버지와 엄마와 형과 큰집 형님이 호롱불을 들고 들어서고 있었다.

'내 냄새를 맡았을까. 엄마가 내 냄새를 맡아서 찾아온 거야.'

이슬비가 내리고 있었다. 다 함께 걷는 동안, 나는 나락 포기들의 얽히고설킨 밀착감과 포근함을 지긋이 느꼈다. 어른들이 종종 '다리 밑에서 주워 온 놈'이라고 나를 놀렸다. 나락 한 포기까지도 지성으로 가꾸고 귀히 여기는 아버지와 어머니였지만, 나는 확신이 없었다. 엄마의 손을 잡고 걸으며, 내가 바로 이분들의 아들이라는 확신과 기쁨을 느끼고 있었다.

다시 새 길과 구길의 갈림길에 당도하였을 때, 우린 약속이나 한 듯이 구길로 접어들었다. 어른들은 혹시 새것을 보면, 좋고 나쁘고를 떠나서, 때때로 저항감과 두려움을 느끼는지도 몰라!

고삽재는 없다. 고삽재 주변의 모습은 옛날과 너무 달라졌으니, 상전벽해의 격을 좋이 넘어선다. 혼자 걸었던 조브장한 들판에는 2번 국도와 경전선 철길과 남해고속도로 인터체인지가 빽빽이 들어차서 나락꽃을 피웠던 흔적조차 찾아보기 어렵고, 냇물은 수차례 물길을 바꿔서 흘렀다. 고삽재의 구길과 새 길도 흔적이 없다. 쇠섬에 광양제철소가 건설되면서 고삽재를 과감히 다시 절단해서 광장 같은 산업도로를 뚫어 버린 것이다.

나락꽃이 필 무렵 엄마 마중하러 고삽재를 넘어간 소년이 있었다. 소년은 거꾸로 넘어와야 할 재가 무너져 버린 탓에 길을 잃고 밖에서 헤매고 있다.

(1994)

서답터

1

내게 친근한 말 가운데 하나로 '서답'이 있다. 빨래, 빨랫감, 그리고 다림질하기 전의 옷가지를 의미하는 말이다.

사전을 찾아보면 이 말에는 방언이라는 꼬리가 붙어 있고, 그나마 어떤 사전에는 아예 올라 있지 않다. 한 가지 사물, 행위 또는 개념에 한 가지 말만을 표준말이라고 고집하는 것이 안타깝다. 교양 있는 사람들이 두루 쓰는 서울말. 대한민국이 서울공화국이라는 비아냥처럼, 위험스런 정의가 아닌가.

어쭙잖은 표준어의 제정이 수많은 아름다운 우리말의 사멸을 불러왔다. 그것이 떼죽음이었다면 문제가 쉬 드러났을 것이고 적절한 처방도 따라 나왔을 터이지만, 그런데 아니었다. 마치 만성중독 같은 것이어서, 어떻게 죽어 가는 줄도 모르게 시나브로 사라져 갔다. 서울 사람들이 쓰지 않는다는 이유로 버림을 받아 죽어 가고 있는 말들이 지금도 허다할 것이다.

지방에서 사용되는 말들이 언어 채집가에게 채록되어 사투리로 분류되었다 해도 일단 사전에 오르기만 하면 한없이 영광스런 일이다. 사전을 뒤적이다 정이 밴 고향 말을 발견할 때, 혹시 가위표나 사투리 표시가 씌워져 있어서 좀 수상할지라도, 자긍심과 만족감은 얼마나 큰가. 이를 채집하여 사전에 올린 언어 채집가의 노력과 노고에 감사하지 아니한 때가 있었던가. 국어 대사전에 오른 말들이여, 특히 사투리들이여, 감사하라.

사투리가 운 좋게도 작가의 눈에 띄어 작품 가운데 살아 있다가 고교입시나 대학입시에 비치는 날에는 대박을 잡은 것이다. 날개와 발을 얻어서 곧잘 돌아다니게 된 것이니 당당히 서울 도성까지도 입성하게 된다. 그런 행운을 이미 죽어 간 수많은 사투리들이 어찌 다 바랄 수 있겠는가.

조정래의 『태백산맥』은 좋은 예다. 그가 설정한 역사적 괄호나 인물이나 사상 그리고 작품이 갖는 문학적 가치는 그만 접어 두더라도, 『태백산맥』에서 빼놓을 수 없는 언어학적 의의는 전남 동부지방의 방언을 완벽하게 채록하였다는 것이다. 내가 『태백산맥』을 높이 사는 첫 번째 까닭이다.

2

서답하는 일은 어머니의 몫이었다. 내겐 어머니의 서답하는 모양새가 흥미 있었다. 방망이로 서답을 힘껏 내려치면, 땟물이 양옆으로 보기 좋게 멀리 튀겨 나가고, 구정물은 빨판 바위를 타고 흘러내린다. 정작 흥미로운 것은 서답을 냇물에다 철철 헹구고 손으로 비벼 빨 때 어머니의 소리짓에 있었다. 입술을 약간 모으고 쉬지 않고 이빨 사이로 쉬-쉬- 소리를 내는 것이었다. 쉬-쉬-. 서답을 비벼 빨고 헹구는 일과 쉬-쉬- 이빨 사잇소리와 시냇물의 조잘거림과 풍요로움!

이것은 어머니의 전유물이 아니었다. 누구나 서답을 헹구면서 입에 쉬-쉬- 소리를 무는 것이었는데, 여럿이 함께할 때에는 경쟁적으로 쉬-쉬- 소리가 커졌다.

오, 행복한 모음이여!

3

나는 민물고동을 잡았다. 바위의 겉에 그어진 금, 고동이 빨판을 대고 이동한 행로. 소매를 걷어붙이고 팔을 뻗어 닿을 듯 말 듯 언저리를 스치면 고동은 붙들고 있던 바위에서 빨판을 풀고 빙그르르 깊은 바닥으로 굴러 내렸다.

고동을 삶으면, 나는 수십 년 묵은 탱자나무에게로 달려가서 가시를 내놓으라고 으름장을 놓았다. 탱자가시는 고동 살을 빼먹는 데는 아주 그만이었다. 아무거나 다 좋은 것이 아니고 부드럽고 적당히 휘면서 신선한 향내도 나는 새 가시라야 하였다.

함께 둘러 앉아 탱자 가시로 고동 살을 빼먹는다. 막무가내로 권해도 할머니는 절대 입에 대지 않았다. 대신 살을 발라내어 내 입에다 넣어 주셨다.

　어느 이른 봄, 할머니와 고모가 고동을 잡아와서 삶았단다. 시장한 나머지 뜨거운 고동 물을 한 모금 꿀꺽 마셨단다. 오호, 애재라! 그때 다시없는 영금을 보고는 이후 고동을 절대 자시지 않으셨다는 할머니. 사랑하는 할머니는 내가 군 복무할 때 돌아가셨다.

　보름 전후에는 고동을 잡지 않았다. 새끼를 배고 있어서 새끼고동의 껍질이 마치 모래알처럼 씹히기 때문이다.

4

　국어를 배우면서 밤낮 쓰는 어무니, 아부지, 할무니, 할아부지, 성님, 성수, 아지매, 아재 등과 같은 가족을 부르는 말들이 두루 사투리라는 것을 알고 놀라고 낙망하였다. 어머니, 할머니, 형님, 아주머니 등 표준말이라는 것들은 어쩐지 간사스러웠다. 정이 뚝뚝 흘러내리는 말들을 놔두고 표준말로 바꾸어서 작문을 해야 하는 것에 나는 거부감을 느꼈다. 분한 일이었다. 더욱이 3학년 때 일기에 박힌 까끔, 산몬당, 갱변, 노디, 자나실, 본젱이, 느렝이, 솔티재 등등을 선생님이 각각 산, 산꼭대기, 냇가, 징검다리, 사라실, 본정, 어치, 송치 등등으로 빨갛게 고쳐 놓았을 때, 나는 자신감을 잃어버렸다. 금너리는 다른 말로 대체되지 않았다.

　말은 그렇게 해도 쓰기는 이렇게 써야 한다 하였다. 누구나 그랬겠지만 선생님은 하늘 같은 존재였다. 화장실에도 안 가신다고 여겼다. 선생님이 가르쳐 주시는 표준말은, 아무리 심한 거부감과 당혹감을 경험했다 해도, 또 자신감의 상실과 상처를 받았다 해도, 엄청난 힘을 발휘하여 나를 밀어붙였다.

이렇게 허물없이 부르는 말을 일기나 시험답안이나 작문에 쓰면 왜 빨간 줄을 먹일까? 느렝이를 어치라고 한다는데 왜 그렇게 되는 것일까? 솔티재를 송치라 한다는데 그건 또 무슨 이유일까? 내가 알지 못하는 무엇이 있을 것이라는 생각도 가졌다.

내 곁에 있는 가까운 것들이란 얼마나 하잘 것 없는가! 제 이름도 제대로 갖지 못한 것들. 제 이름조차 남들에게 뜯어 고쳐지고 마는 것들. 선생님을 선상님이라 부르는 아부지와 어머니가 갑자기 표준말도 모르는 무식한 분들로 비쳤다. 이제껏 허물없이 친근하게 썼던 말이라도 사투리일 것이라고 여겨지면 과감히 버리고 표준말로 고쳐 쓰고자 하였다. 일기도 표준말이라는 확신이 서는 말만 골라 쓰려고 하였다.

그렇지만 일기를 다시 되읽을 때, "진짜 내 것이 아니야. 울 어무니 서답할 때처럼 쉬-쉬- 소리가 새나오지 않아. 본살 같지 않아. 몽원주사 맞은 것처럼 남의 살만 같아."는 아픈 속삭임이 들렸다. 새끼 밴 고동을 씹는 맛이었다. 배고픈 시절에도 고동을 입에 대지 않으셨던 할머니처럼, 다른 대책이 있었다면 나도 표준말을 배우지 않았을지도 모른다. 지금 생각하니 대안이 있기는 있었다. 표준말이 서울사람들과 관련이 있다는 것을 그때 알았다면 아예 서울로 오입 가서 당당한 표준말의 주인이 되는 것 말이다. 그때는 다행히 그것을 알지 못했다.

5

　　표준말을 배우면서, 나는 서답이라는 말을 쓰는 어머니를 좋아하지 않게 되었다. 그것은 엄연히 빨래라고 불려야 옳았다. 다른 데 가면 뜻이 통하지 않을지도 모르는 불안한 말을 그대로 쓰는 것이 걱정스러웠다. 서울 가서 말이 안 통해 혼쭐나면 어떻게 할까?
　　이렇게 하다 보니, 어린 마음에 가 본 적은 없지만 서울 사람이 표준사람일 것이라는 생각이 자리 잡기 시작하였다. 어무니 같은 사투리 엄마 대신, 어머니 같은 표준말 엄마를 선망하게 되었다. 어무니 엄마가 어머니 엄마로 바뀌기를 속으로 바랐다. 그러나 그런 일은 지금까지 일어나지 않고 있다.
　　얼마 전 아버지와 어머니는 인천 동생에게 다녀오셨다. 그때 경험을 우리 아부지께 들어 보자. 영등포역에서 열차를 기다릴 때 오고 가는 수많은 사람들이 어무니 주변에서 신기하다는 듯, 심지어 손가락질까지 하면서, 재미있다는 듯 살피더란다. 은백색 머리를 곱게 빗질하여 감아 꽂은 옛티 나는 비녀와 촌티 나는 시골 할머니의 옷매무새. 서울 표준사람들에게 아주 생소하고 경이롭게 보였을 거라 하였다. 여기에 덧붙인 사투리 아부지의 주석이 그럴듯하였다. 서울 표준사람들이 어머니의 쪽진 머리와 거친 피부의 얼굴을 들여다보면서 아마도 자기들의 사투리 어머니를 마음에 떠올렸을 것이라는 따뜻한 말씀이 계셨던 것이다.
　　그때 나의 선망은 지나친 욕심이었다. 나는 마음을 고쳐먹고 우리 어무니가 읍에 사는 철수나 균영이의 어무니 정도로만 바뀌어도 좋으련만 하였던 기억이 새삼스럽다.

6

서답터에 서면 물길 따라 아득한 연상이 실타래처럼 풀려나간다. 별감 할아부지와 그의 어무니. 올해 100주년을 맞아 기념행사가 줄을 잇게 된 동학농민혁명.

별감 할아부지는 동학란에 연루되어 쫓기고 있었다. 야밤중에 아들이 집에 찾아들었을 때, 그 어무니는 마을에서 제법 떨어진 냇가 절벽 토굴에다 아들을 은신시켰다. 동학도를 색출한다며 떼거리들이 종종 마을에 들이닥쳤다. 그해 겨울에는 눈이 많이 내렸다. 눈길을 밟아 주먹밥을 나르는 것은 색출자를 토굴로 안내하는 꼴이 아닌가. 눈 위 발자국은 달빛에도 하얗게 드러나는 법. 어무니는 서답터를 생각하였다. 거기서부터 어무니는 냇물 가운데를 걸어서 주먹밥을 날랐다. 아들을 먹이고 다시 냇물을 밟아 돌아오곤 하였다. 비둘기가 하늘을 날아다니는 것같이, 오리가 냇물 위를 헤엄쳐 다니는 것같이, 아무런 흔적도 남지 않았다. 오직 자식과 어무니의 가슴에 슬픔과 고난의 푸른 멍이 남았을 뿐.

무성영화처럼 증조할매와 별감 할아부지의 질고의 신화가 들려온다. 얼어붙은 냇물을 맨발로 밟아서 오르내리셨던 증조할머니의 뜨거운 마음이 피어난다. 무너져 흔적이 없어져 버린 토굴. 지금도 웅얼거린다, 증조할머니가 입에 물고 사셨던 때 묻지 않은 사투리. 파랗게

언 채로 무덤에 남아 있는 두 발과 뜨거웠던 심장이여!

7

　서답터에서 바짓가랑이를 걷고 돌을 뒤집으면 가재가 나온다. 사랑과 지혜의 화신인 증조할매도, 고동 삶은 물에 속이 해져 버리다시피 한 할매도, 보았던 가재다. 선조들의 말소리를, 비록 그것들이 사투리로 내몰렸을지언정, 들어서 알고 있을 어쭙잖은 가재다.
　개울물 소리에는 할매의 사투리가 아지랑이처럼 흐른다. 소리를 악보에 다 채록하지 못하듯이 나는 사투리를 다 알아듣지 못한다. 사투리를 내 입과 귀로 죽이고 버렸지만, 시냇물은 여전히 사투리를 입에 물고 흐른다. 어머니는 거기 계시고 고향은 거기 있다.
　늙으셨지만, 어머니는 서답터에서 서답을 하신다. 지금도 쉬- 쉬- 소리를 잇새로 내뱉으며 서답을 헹구신다. 사투리를, 나의 신화를, 헹구신다.
　청결한 서답에 금언이 새겨져 있다.
　'애비의 고향이 네 고향이니라. 어미의 입에 바른 말투가 너의 모음이니라. 사투리의 상실을 두고 신화의 상실이라고 하느니라.'

(1994)

발자국

여자의 눈앞에 남편의 얼굴이 아른거렸다. 현청 별감(別監)이던 남편이 무단히 동학에 연루되어 쫓기고 있었다. "정녕코 하늘도 무심커니." 하고 여자는 나직이 중얼거렸다. 등잔불이 대밭에 이는 바람소리에 먼저 자지러졌다.

낮이면 관군들이 마을을 훑고 지나갔다. 여자의 집은 이 잡듯이 뒤졌다. 승승장구하던 동학군이 밀리고 있다는 소문이 파다했다.

여자는 조용히 일어섰다. 장광에 정안수를 떠놓고 빌었다.

"천지신명이시여, 도우소서!"

눈에 띄지 않는 냇가 절벽에 작은 토굴을 파고 속에 숨어들어 가 오들오들 떨고 지내는 한 사람을 위하여, 지성으로 빌었다. 뺨에 눈물이 얼어붙었다.

어젯밤엔 별빛도 시리고 총총 터니, 눈이 펑펑 쏟아졌다. 천지 사방이 하얗게 변하였다. 여자의 안색도 하얗게 변하였다. 딱! 눈 무게를 못 이기고 대나무가 부러져 터지는 소리가 골짜기에 울렸다. 여자는 움찔하였다.

'낮이면 관군들이 실뱀눈을 하고 뒤질 터인데, 어찌하면 좋을꼬.'

토굴에서 배고픔과 추위, 공포와 낙담으로 떨고 있는 남자를 생각하곤, 배를 쫄쫄 곯으며 주먹밥으로 연명하는 남편을 생각하곤, 여자는 가슴이 메어지고 안절부절 몸 둘 바를 몰라 하였다. 서답을 챙겨서 눈을 밟으며 서답터로 나갔다가 이내 돌아왔다.

눈 위에 발자국이 선명했다. 발자국! 눈을 밟아 간다면, 관군을 토굴로 인도하는 안내자가 될 터였다.

여자는 밥을 짓고 주먹밥을 만들어 서답 속에 싸 담고는 눈을 밟으며 서답터로 갔다. 이 길밖에는 없다! 여자는 냇물로 들어섰다. 기절할 것처럼 발이 시렸다. 냇물을 거슬러 5리를 걸었다.

"여보!"

여자가 떨며 낮게 불렀다. 토굴 속에서 비치는 두 눈빛이 짐승의 그것처럼 형형하다.

주먹밥 뭉치를 내밀자 남자는 물끄러미 바라보더니 옆으로 밀쳐놓는다. 남자는 바닥을 치며 흑흑 흐느꼈다. 여자의 언 발을 주무르며 뜨겁게 울었다. 두 줄기 눈물이 언 발 위로 떨어졌다.

여자는 오던 길을 밟아 냇물 가운데를 걸어 돌아왔다. 여자의 생각에는 잠시 하늘을 날아 아주 먼 데를 다녀온 것만 같았다.

저녁 때 관군들이 뒤집고 지나갔다. 무사하였다. 그쪽으론 사람이 나다닌 흔적이 찍혔을 리가 없지 않은가. 발자국은 서답터에서 멈췄던 것.

여자는 이후에도 눈이 쌓이면 물속 헤엄을 치거나 새처럼 하늘을 날아 아주 먼 데를 다녀왔다.
    눈길 위에 발자국이 찍히지 않는 것은 사랑의 불길엔 재조차 남지 않는 것과 조금도 다르지 않았다.

(2004)

글쓰기에 대하여

작가를 생각하지 않고 쓰는 자, 쓰면서 생각하는 자, 사색을 이미 완성하고 집필하는 자로 구별할 수 있다고 하였다.

『광주수필』 30호에 어머니를 주제로 「등잔불」과 「서답터」라는 작품을 실었다. 생각지 않고 체험과 기억에 의지하여 그저 기술한 것에 지나지 않으니, 나는 첫 번째 부류의 작가에 해당하겠다. 『광주수필』 50호에 실린 작품들도 여기서 크게 벗어나지 못한다. 「원단단상」과 「침대를 바꾸다」가 그것인데, 반백(半百)의 지령(誌齡)을 경하하는 소회를 적어 보고자 하였던 것이지만, 결국 나의 경험과 감상을 기록한 것에 그치고 말았다.

보라, 나는 그대들에게 초인을 가르친다. 초인은 번갯불이며 광기이다.*

한편, 저 노회한 철학자는 어느 부류의 저자인고! 사색의 창고에 깊이 수장시켜 두었던 그 부요한 알곡을 단지 손만 빌려서 풀어내는 것으로 독자들을 먹이는 세 번째 부류의 저술가임이 분명하다. 그의 수상들은 예리한 독설과 독단으로 가득하다. 그것들은 드넓은 사색의 벌판에 피어난 독초들이거나 강인한 생명력을 자랑하는 뿌리 깊은 나무들이다. 종종 지나다니는 사람들조차 결코 발견하지 못한 크고 작은 풀꽃들을 (독초는 눈에 잘 띄지 않는 법이지만) 본능적 직관으로 투시해 내는 초능력을 가진, 단 한 번 지나가는 것으로 완성되는 나그네이다.

누구나 인생의 벌판에 서 있는 나무들을 발견하는 것은 아니다. 그것은 너무 늙고 구부러지고 커서 마치 땅에 뿌리박고 선 나무가 아닌 것이다. 처음부터 무용한 것이지만, 옹이투성이에 재질조차 거칠어 더 이상 쓸모없는 물건에 지나지 않는다. 그나마 이를 쓰고자 하여 다듬다가는 톱이며 대패며 끌이며 연장의 날까지 상하고 만다.

이들에게 눈짓을 주어 삶의 현장으로 불러내고 말을 걸고 가치와 의미를 부여하는 자가 있으니, 곧 작가다. 그는 평원을 걸으면서 크고 작은 존재들과 만나고 사색을 완성한다.

이제 손에 필을 쥐어 주기만 하면 바로 저술이 완성되는 것이니, 대상에 대한 탐구와 사색을 백지 위에 그려 내기만 하면 된다. 이것이 내가 동의하는 완벽하고 독창적인 철학자의 저술이다.

그러나 사람의 사고 시스템은 유약하여 너무 쉽게 부서지는 것이다. 물 분자 사이에 형성되는 수소결합의 수명은 불과 10^{-12}초 안팎에 지나지 않는다. 이와 비교할 수 없이 빠른 속도로 형성과 해체를 반복하는 것이 뇌 속에서 이루어지는 사고와 사색의 네트워크이니 말이다.

그런즉, 자동 기술되는 것처럼 원고지가 술술 메워지는 일은 가능하지 않다. 형성과 해체의 파고를 이겨 낸 사색의 결정체가 금강석처럼 견고해진 다음에야 비로소 작품을 기대해 볼 수 있을 뿐이다.

나는 오직 저자가 그의 피로써 쓴 것만을 사랑한다. 피로 써라. 그러면 그대는 피가 정신임을 체험할 것이다.*

오늘날 정보의 홍수 속에서, 감당하기 어렵도록 급변하는 나날 속에서, 무엇을 화두로 붙잡고 삶의 평원을 질러갈 것인가? 모든 것이 순간순간 소용돌이치며 흔적 없이 흘러간다. 어제는 영원으로 흘러가 버렸고 내일은 오지 않았고 오늘은 돌개바람이다. 평원은 황폐하다. 사상은 금방 금이 가고 사색은 손가락 사이를 빠져나가는 모래알이다.
그런데도 불구하고, 「등잔불」이나 「서답터」와 같은, 그저 기술에 불과할지언정 작품을 쓰는 것은, 인생의 고뇌와 돌개바람에 맞서다 지친 나머지 백지를 종교 삼아 구원받고자 하는 발원이라 할 것이다.
난 이제 쓰면서 생각하는 작가이고 싶다. 나의 구원인 종이 앞에 앉아야 그때에 비로소 사색의 혈액순환이 시작된다.

(2010)

* 니체의 책 『차라투스트라는 이렇게 말하였다』에서.

자유에 부쳐

　자유란 무엇인가. 물음은 여전히 유효하다. 인간으로부터, 인간을 위한, 인간의 자유일 것인가. 환상의 무지개인가. 역사의 내력만큼 가치가 있는가. 무엇에 어떻게 우린 얽매어 있다는 것인가.
　그것은 하나의 관념이며, 거대한 상황이다. 생물학적 평형, 물리적 관성, 사회적 힘의 균형, 국제적 거대 세력의 상충– 이들은 유동적 상황이다. 이들이 자유의 겉보기 요소다. 자유는 아마도 그 언저리에서 부대끼며 돋아나는 여린 풀포기일 것이다.
　자유는 허구이며 기능이며 재생산이다. 그것은 그러므로 소설이다. 스스로 있으며 말하였다. 세계를 창조하며 펼쳤다. 경험적 현실적 세계와 선험적 세계와 완전 무경험적 세계까지 창조해 냈다. 세계는 작용하며 힘을 발휘하였다. 소설가가 있었다. 그가 자유의 창조자다. 독자는 동의하고 저항하였다. 세계를 심화시키고 고양시키며 나아가 재창조와 재생산의 사업에 동참하였다.
　소설을 짓는 것과 인류가 자유의 씨줄과 날줄을 펼쳐 온 것은 비슷한 유래를 가졌다. 실존적 삶과 투쟁은 작가의 상상 광장과 자유의 그물망에 붙들리게 되었다.

누군가 순간순간 자유의 충동과 허구 가운데 방황하거나 이지적 운동을 계획한다 해도 이것은 언제나 상황일 뿐이다. 인간은 상황의 창조자이며 그 자신이 상황이다. 그는 변덕쟁이며, 유한자이며, 능력자이다. 그는 신조차도 자신의 상황 속으로 끌어내릴 수 있었다. 신을 살해하였으며 다시 부활시켜 세웠다. 자유의 공간과 절규와 환상이 여기 있다.

믿을수록 신은 인간을 더욱 구속하였다. 더 풍부한 상황은 인간을 더욱 구속한다. 인간을 끌어내고 해방시키고 고양시키는 힘으로서 자유는 그만큼 인간을 구속하였다. 그리하여 인간은 그 자신이 자유가 된다. 그러지 못할 이유라도 있는가. 인간은 그 자신이 자유가 되어야 하였다.

인간은 자유를 초월할 능력이 없다. 작가에게도 상황은 마찬가지다. 그러므로 인간은 인간을 초월할 수 없다. 자그마한 틈새를 비집으며 솟아나는 신비한 어린 새싹에서 기껏 자유의 넋을 채워 받는 정도다. 그러나 작가들은 자유에 질식되어 있기보다는 돈벌이에 질식되어 있다.

새장에 갇혀 있는 잉꼬새에게 간절한 것이 무엇일까? 훨훨 날 수 있는 자유일 것이라고 말한다. 수긍이 간다. 독수리 새끼는 나면서부터 하늘을 박차고 날아가려는 날갯짓을 하며, 물오리 새끼는 알에서 깨나자마자 수면의 파도를 타고 즐기려는 물갈퀴짓을 한다. 창공은 새에게 비상 본능을 일깨워 주는 자연 교재이며 삶의 본질적 공간이다. 조롱 속의 새는 교재와 공간을 박탈당하였다. 갇힌 새는 당연히 새장 밖의 공간을 자유로서 소망할 것이겠지만, 자유가 그들에게 공간과 삶을 보증하지 않는다. 자유는 부담스럽다.

아파트 베란다에 몇 종류의 관상용 새를 키우던 친구의 이야기가 생각난다. 처음엔 유리창과 그물망에 부딪히는 사건이 종종 생겼으나 시일이 지난 다음에는 창문을 열어 놓아도 밖으로 날아가려고 시도하는 새가 없었다.

누가 이들을 새장 밖으로 보내 줄 수 있을까. 어떻게 생소한 자유를 일깨워 줄 것이며 소설을 읽어 줄 것인가. 내가 바로 새장의 그 새다. 내게는 비상의 본능을 일깨워 주는 교재와 공간이 필요하였다. 나는 소설가의 자유분방 허구에다 기대를 해 왔다. 유리창 안에서 안주하는 내게 허구의 그물을 낱낱이 그려내 이야기해 줄 것으로 믿어 왔다. 자유의 노정을 펼쳐 보여 줄 것으로 기대해 왔다. 그러나 포기하였다.

인간이여, 자유를 초극할 일이다. 치지재격물(致知在格物)이란 공자의 가르침이 있다. 격물하라. 자유의 노예가 되어서는 안 된다. 인생 사막에 피는 자유의 신기루를 깨뜨리고 대지의 자유로 치열하게 나가야 한다. 여자는 약하지만 어머니는 강하다. 대지는 강하다.

나는 격물의 지경에 피어 있는 대지의 꽃을 본다. 생명과 비생명에 구속되지 아니하는 강인하고 높은 자유로서 대지의 꽃을 바라본다.

살아 있음이 자유이며 가치다. 나를 자유롭게 할 것이 무엇인가. 영원한 살림의 지경까지 인도하는 것은 무엇인가. 대지의 자유를 간구하고 있는 나는 과연 살아 있는가.

가난과 실패와 추악함과 고통과 거짓과 질병과 상황 속에 내 삶은 처박혀 있었다. 그러나 결코 포기하지 않았다. 이것들까지 보듬고 쓰러지려는 자유, 이것이 나의 자유였다.

　내가 두 발로 대지를 딛고 서 있는 한 세계는 존재한다. 나의 살아 있음이 창조해 냈다. 나는 세계를 믿는다.

(1998)

잡초

　잡초 같은 인생이라고 말할 때, 두 경우가 있다. 하나는 아무리 짓밟혀도 끄덕 않고 잡초처럼 견디고 다시 일어난 불굴의 사람을 칭송할 때이고, 다른 하나는 논밭이나 정원 등에 잘못 뿌리 내린 탓에 푸대접 받거나 뽑혀 죽고 마는 잡초와 같은 신세를 한탄할 때이다. 그런즉, 잡초란 어느 모로 보나 부요하거나 품격 있는 존재는 못 된다. 왕따 당하고, 배척당하고 핍박당하는 신세, 그가 잡초다.
　원래 잡초란 없었다. 우주 생명공동체의 구성원이며 생물 종 다양성의 본질이었다. 농업이 시작되고, 또 정원, 공원, 도로 등 공간을 목적에 따라 관리하게 되면서 소위 잡초의 개념이 생겨났다.
　잡초는 농작물이 필요로 하는 수분, 양분, 햇빛, 산소를 빼앗는다. 때론 병충해를 조장시켜 농사를 훼방한다. 이렇게 되면 수확량이 줄어들고 농산물의 품질이 떨어진다. 정원이나 공원에서 미관을 해치는 잡초도 있고, 운동장이나 도로에서 기능을 해치는 잡초도 있다. 밀밭에 난 보리, 목화밭의 콩, 콩밭의 팥, 수수밭의 옥수수는 잡초다.
　그러나 경제의 굴레를 벗겨 내면, 잡초는 그 자체로 아름답고 가치 있는 존재다. 인간과 잡초를 포함한 모든 생명체는 우주에서 동등한 존재의 권리를 부여받았다.

지상에 70억의 사람들이 살고 있다. "인간 위에 인간 없고, 인간 아래 인간 없다."는 말처럼, 누구나 사람답게 살면서 사람답게 대접받을 권리가 있다. 성경에서 말하는 황금률은 "대접받고 싶은 대로 남을 대접하라."는 것이다.

어떤 사람도 결코 잡초일 수 없지만, 잡초로 취급받는 사람들이 많다. 경제와 자본이 정치, 문화, 가치, 교육, 복지 등 모든 것을 좌지우지하는 현실에서, 가난한 자들은 사회적 잡초로 인식되어 점점 소외되고 있다. 장애자, 환자, 생산능력이 없는 노인도 마찬가지다. 이들이 잡초라면 어떤 사람도 잡초라는 굴레를 벗을 도리 없다. 아무리 건강한 사람도 언젠가는 늙고 병들 것이니까. 범죄자조차 그렇다. 어떤 도덕군자도 그를 범죄자로 만들었다는 죄의식의 굴레를 벗어던질 수 없을 테니까. 누구도 원초적 죄악의 충동으로부터 자유로울 수 없으니까.

잡초는 생산 활동에 해롭지만 농업 발달에 공헌한 측면도 있다. 대략 1만 년 전부터 재배된 원시 밀은 재배과정에서 잡초와 자연교배하여 잡초 유전자를 받아들이기를 되풀이하는 동안 현재의 훌륭한 빵 밀로 육종되었다. 호밀은 처음에 밀밭의 잡초였지만 저온과 메마른 땅에 견딜 수 있는 강한 성질이 밝혀져 농작물로 선발되었다.

긍정적 측면은 인간 사회에서도 마찬가지다. 가난한 자들, 병든 자들, 범죄자들, 고통 받는 자들을 통하여, 우리는 배우고 겸손해지며 성찰의 기회를 갖게 된다. 사회적 잡초로서 비유되는 이들에게서도 호밀이나 빵 밀을 선발할 수 있다. 그들과 나누고 살필 때 인간애와 신의 사랑을 확인하게 된다.

신은 가난하고 소외된 자들을 우리 곁에 영원히 남겨 두었다. 잡초를 보살필 책임을 준 것이다. 추워지고 있다. 뿌리 뽑힌 잡초 같은 이웃들을 손 놓고 바라만 볼까.

불굴의 정신으로 고난을 이겨 내고 승리한 잡초들을 많이 만나고 싶다.

(2010)

할머니의 노래
- 담배불패론

담배 애호가들의 수난시대다. 공공장소나 사무실이나, 기차나 비행기나, 심지어 자기 집에서조차 마음대로 담배를 피울 수 없게 되었다.

담배는 곧 사라질 판이다. 업톤 보고서에 따르면, 사망과 관련된 30대 사고의 순위에서 흡연이 단연 1위를 차지하고 있다. 간접흡연의 위해 탓에 흡연구역이 설정되었다. 이 공간을 활용하기 싫으면 금연을 하라! 상황이 이런데도 애호가가 줄지 않으니, 이상한 일이다.

담배, 하면 라이터, 재떨이, 꽁초가 우선 생각나겠지만, 내겐 담배쌈지, 부싯돌, 담뱃대, 담배통이 더 있다.

어려서는 성냥이 아주 귀해서 어른들은 부싯돌로 불을 일으켰다. 그뿐 아니다. 불씨를 화로에 묻어 놓고 살았다. 불씨는 가정의 중심이었다. 한번은 이른 아침인데 어머니께서 아주 민망한 표정으로 안절부절못하셨다. 불씨가 사그라져 버렸던 것이다. 큰집에서 얻어 오면 그만이겠지만, 그때는 그런 시대가 아니었다. 햇살이 퍼진 후에 겨우 불씨를 얻어다 밥을 지어 주시던 일이 엊그제 같다.

화롯불은 할머니께서 보살폈는데, 아궁이에서 화로에 퍼 담아 온 숯불을 담뱃대 대통머리로 돌보아 재 속에다 묻어 두면 불씨는 능히 하룻밤을 견뎠다. 이제 할머니는 가시고, 화로도 온데간데없다. 불씨가 그립다.

지금은 담배라고 하면 궐련을 말하지만, 그땐 궐련은 없고 담뱃잎을 썰어서 말린 것이 전부였다. 아버지는 종이에 말아서 피웠다. 나중에는 풍년초를 사다 피웠다.

1492년 신대륙에 도착한 콜럼버스 일행이 서구 세계에 소개한 담배. 당시 인디언들은 땅을 판 구멍에 담배를 쟁이고 불을 붙여 옆으로 막대기를 둘러 박아 연도(煙道)에서 나오는 연기를 함께 마셨다.

인디언들의 담배 피는 모양이 퍽 재미있어 보이지만, 불행히도 콜럼버스의 아메리카 발견과 담배의 유럽 전파는 살육과 전쟁의 단초였다. 백인들은 담배 파이프를 입에 물고 인디언을 사냥했다. 궐련은 크림전쟁(1853~1856) 때 참호에서 병사들이 궁색하게 종이에 담배를 말아 피우면서 생겼던 것이다. 인디언 살육, 크림전쟁, 인간의 사망 사고 1순위와 담배, 상관이 있다.

"옛날 옛적에, 호랑이 담배 피던 시절에……." 할머니께 이야기를 조르면, 시작은 뻔했다.

그래서 호랑이 담배 피던 시절은 아주 옛날로만 알았으나, 지금 와서 문헌을 살펴보니, 그 옛날은 아주 오랜 옛날이 아니고, 불과 400년 안팎에 불과한 옛날이었다! 1614년 『지봉유설(芝峰類說)』에 "담배 초명은 남령초(南靈草)라고 하는데 근세에 왜국에서 비로소 왔다."는 이수광(李睟光)의 기록이 있으니 말이다.

담뱃대를 물고 앉아 쌩긋이 웃는 애늙은 호랑이 그림을 보면, 담뱃대를 입에 물려 주면 무언가 달라지는 것이 있지 않나 하는 생각을 하게 된다. 이수광은 "병든 사람이 대통을 가지고 그 연기를 마신다. 한 번 빨면 연기가 콧구멍으로 나온다. 담과 하습을 제거하며 능히 술을 깨게 한다. 많은 사람들이 그 방법을 써서 큰 효과를 본다."고 하였다.

할머니는 담배를 가끔 하신 것 같다. 담뱃대는 두어 자쯤 되었는데, 담배통과 물부리는 놋쇠로 만든 것이고 설대는 시누대로 된 것이었다. 담뱃대를 빨면 양 볼이 속으로 쏙 패여서는 얼굴이 조그맣게 되었다. 가끔 담뱃침으로 속에 끼인 흑갈색 진액을 파내면 볼이 덜 패였다. 할머니는 연기를 금방 입안에서 품어 내버리셨다. 콧구멍으로 내보내는 것을 한 번도 본 적이 없다.

"할무니, 콧구멍으로 한 번만, 딱 한 번만 해 봐." 애걸복걸해도 소용없었다. 어른들이 콧구멍으로 연기를 풀어내는 것을 보면 참 멋져 보였던 것이다. 나도 흉내를 아니 내본 것은 아니지만, 멋있게 되지 않았다.

아버지의 칠순 잔치 때 일이다. "너희 누님이 총기가 좋다. 어려서 할머니 무릎에서 노래를 배워 곧잘 했다. 한번 들어보자."고 제안하셨다. 누님이 노래를 하였고, 나는 녹음하였다. 그중 담배노래가 일품이었다. 당시 어린 애기였던 누님이 담배 맛을 알았을 리 없으니, 할머니의 담배노래가 분명하다.

담배 씨야 담배 씨야 동네 원(園)터에 담배 씨야

네 뭣하러 나왔느냐?
저 천국도 병이 많아 약 가지고 내 나왔지.
그 담배씨 받아다가 담장 안에 던져 놓고
조석으로 매 가꿔서
속잎일랑 제쳐 놓고 겉잎일랑 뜯어다가
은장도라 드는 칼로 어리 설설 썰어 내서
음지 양지 말려 갖고 청동화로 숯불 이뤄
그 담배라 한 대 엮어
한 모금을 빨고 나니 잔뼈는 녹는 듯이
두 모금을 빨고 나니 굵은 뼈는 서는 듯이
세 모금을 빨고 나니 잔뼈는 또 녹는 듯이
활 쏘는 선비들아 활의 맛이 요만하면 소반급제 왜 못하리.
글 하는 선비들아 글의 맛이 요만하면 진사급제 왜 못하리.
살림 사는 부인들아 살림 맛이 요만하면 부자 신행 왜 못하리.

맛깔나는 광양 사투리투성인 것을 표준어로 고쳐 놓았다. 내용을 살펴보건대, 큰 효과를 본다는 이수광의 기술대로 천국 명약이었다. 그리고 규제 없이 가정용으로 널리 재배되었다. "은장도와 청동화로", "진사급제와 소반급제"에서 짐작컨대 상반 구분 없이, 또 "선비와 부인들"에서 보건대 남녀 구분 없이 널리 애음되었던 것 같다.

요즘 화려하고 섹시한 담배 광고를 자주 접하게 되지만, 담배 맛의 극치를 이렇게 극적으로 표현한 문학이 또 있겠는가? 한 모금을 빨고 나니 잔뼈는 녹는 듯, 두 모금을 빨고 나니 굵은 뼈는 서는 듯한,

황홀경의 절정이여! 마지막 석 줄에는 담배 한 대에서 얻는 지극한 만족과 함께 삶의 아이러니가 얽혀 있다.

    그동안 잊고 지내다가 기억이 나서 이를 틀어 놓고 들으며 옮겨 적을 때, 할머님이 그리워졌다. "아이구, 내 강아지!" 하시며, 머리가 센 당신 손주의 볼을 비벼 주실 양으로 두 팔을 벌리셨다.

    "할무니, 인제는 댐배 해롭다고 못 피우게 한대. 옛날에는 속앓이 할 때 댐배가 약이 됐지만, 지금은 달라. 댐배 땜에 아픈 사람들이 많대. 할무니, 그 노래해줘, 응."

    나는 톤을 조금 높이며 응석을 부렸다. 할머니는 가는귀를 잡수셨다.

    "할무니, 한 번만 콧구멍으로, 딱 한 번만." 할머니는 이번에도 내 소원을 들어주지 않으셨다.

    난 비록 담배를 않는 사람이지만, 담배가 아예 없어지는 것을 바라지 않는다. 그 아련한 연기와 함께 할머니의 노래로 부활하는 한 결코 사라질 것 같지 않다.

    "옛날 옛적에, 호랑이 담배 피던 시절에……." 어울리지 않게 기다란 담뱃대를 물고 앉아 쌩긋 웃는 귀여운 애늙은 호랑이도 보고 싶어질 것이므로…….

(2001)

노인

길거리에서, 전철에서, 공원에서, 병원에서, 종종 '어르신' 또는 '할아버지'란 칭호를 받는다. 늙었으니, 당연하지만 익숙지 않다. 마주치고 싶지 않은 시간이다.

나이는 저절로 먹는다. 저절로 먹힌다. 나와 함께 탄생한 시간의 뾰쪽한 화살이 내 몸 세포 하나하나를 찌르고 앞쪽으로 빠져나가고 나는 뒤편에 버려졌다. 앞 강물이 나를 싸고 흘러가면 뒷 강물이 받아서 다시 감아 싸며 흘러가고 나는 뒤편에 버려졌다. 그 간극이 어르신이다.

난 버려졌다. 나는 시간의 과녁이며 밥이다. 시간은 영원한 지배자이며 완벽한 영광이다. 시간과 맞서 싸울 수 없었다.

너와 함께 올라타면, 시간은 사회적 시간이며 역사적 시간이 된다. 다른 사람, 같은 화살. 다른 장소, 같은 화살. 다른 속도, 같은 화살. 네가 나를 어르신이라고 부를 때, 우리는 같은 시간의 화살을 잡아탔다고 선언한 것이다. 화살이 앞으로 빠져 날아가면, 너도 버려질 것이고 나도 버림받을 것이다. 되돌릴 수 없다.

시간은 묘사할 수 없는 무엇이다. 존재하지 않는 무엇이다. 묘사할 수 없다는 것은 있음의 없음 같은 의미다. 방향도 없다. 형체도 없다. 질량도 감정도 없다. 하지만 파우스트 박사의 외침을 들어 보면 방향도 형체도 감정도 질량도 다 가진 어떤 것이 확실하다.

"순간아, 멈춰라. 너는 정말 아름답다!"

때로 시간을 반듯한 직선 차원이라고들 하지만 이해되지 않는다. 그것은 반듯하지도 구부러지지도 않았다. 그 있음은 무엇에게 작용했거나 건드린 것으로 드러난다. 버려진 무덤처럼.

내게 '어르신' 하며 건드림이 드러났다. 누구도 그의 건드림을 피할 길 없었다. 그는 우주 안팎에 편재해 있으며, 억겁 무량수의 들리지 않는 언어다. 누구도 그로부터 자유롭지 않았다. 건드림은 탄생과 죽음으로 드러나고, 성장과 늙음으로, 질병과 건강으로, 환희와 비명으로, 기억과 환상으로, 역사와 철학으로 드러난다. 난 끝없이 건드림을 당하였다.

시계는 겉보기 시간을 분절하여 보여 주지만, 증명하지 않는다. 분절되는 것은 시간이 아니다. 영원의 연속함수. 그는 불멸의 본질이다. 시간은 시계를 녹슬게 한다.

그는 운동을 증거하고 공간을 묘사하였다. 없음의 공간까지 제공한다. 삼라만상과 변화를 그가 기술하였다. 그는 모든 운동의 본체가 된다. 결국 스스로 자신을 기술한다. 그러므로 우주는 시간의 언어로 가득 차 있다.

스스로 존재하는 자, 스스로 기술하는 자, 스스로 말하는 자, 스스로 증명하는 자. 그는 신이 아닌가. 태어난 적이 없으니 죽음에 묻힌 적도 없다. 영원한 지배자, 완벽한 영광의 주인, 스스로 즐기는 절대자다.

시간은 기억하지만, 기억은 시간을 증거하지 못한다. 기억이 과거의 포로라면, 환상은 미래의 포로다. 과거와 미래는 시간이 아니며 귀신에 불과하다. 무시로 만물을 티도 없이 건드리는 현재 귀신이 완전한 시간의 능력이다. 과거와 미래의 죽은 귀신도 아직 태어나지 않은 귀신도 그의 건드림에 지나지 않았다.

2010 FIFA 남아공 월드컵. 독일-잉글랜드전. 2-1 상황에서 독일 선수들은 프리킥의 위기를 막아내자마자 바로 역습을 감행하여 2골을 차 넣었다. 4-1.

나는 '어르신'이나 '할아버지'란 칭호로 역습을 당한다. 시간의 역린인가, 언어의 역공인가, 풋내기들의 패악인가? 뻔히 보면서 당한다. '어르신'은 심기 편치 않지만, 감나무의 까치밥처럼 익어 간다.

내 양식은 시간이다. 소화된 시간이 빠져나가고 남은 찌꺼기가 쌓였다. 시간의 양허로 '어르신'이라는 화려한 화관을 대관식도 없이 받아 썼다. 그럼 내 왕좌는 어디에 있는가. 길거리이거나, 전철이거나, 쓸쓸한 식당이거나, 공원이거나, 병원이거나, 무덤이 아닌가.

시간의 탈출을 꿈꾸는 자여! 시간의 축지법에 영혼을 빼앗긴 자여! 그 올가미에 낚인 자여!

그대는 위대한 존재를 만나야 한다. 시간은 무궁무진 많다. 길거리에서나, 공원에서나, 병원에서나, 무덤에서나, '어르신'이나 '할아버지'란 칭호를 받아야 한다. 명령이다.

(2010)

백수(白壽)에 부쳐

　시대가 변하면, 풍습도 따라서 변한다. 이제 아파트에 사는 사람 수가 주택에 사는 사람 수보다 더 많아졌다. 이는 자기 집을 손수 짓지 않는다는 것이다.
　내 어려서는 총각이 결혼을 하면 대개 마을 변두리에다 새집을 지어서 제금을 났다. 자기 집을 손수 짓는다는 것은 참 흥분되는 일이었겠다. 기초를 닦고 기둥을 세우고, 대들보에다 연월일시와 함께

　　　應天上之三光　　하늘의 해와 달과 별의 빛에 감응하여
　　　備人間之五福　　인생의 다섯 가지 복을 갖추었네

이라 써서 상량할 때, 감격은 하늘에까지 닿았겠다. 행복한 노동 가운데서 장수, 부귀, 강녕, 유호덕(攸好德), 고종명(考終命)의 온갖 복을 꿈꾸었겠다.
　그중 첫 번째가 장수다. "사람이 만일 온 천하를 얻고도 제 목숨을 잃으면 무엇이 유익하리요. 사람이 무엇을 주고 제 목숨을 바꾸겠

느냐."는 누가복음(9:25)의 말씀이 있다. 목숨이 부지되어야만 비로소 나머지 복도 누릴 수 있다. 장수를 첫 번째로 치는 것은 당연하다.

   人生七十古來稀* 일흔 해도 살기 어려운 짧은 인생이니

  그렇다면 사람의 기대수명은 얼마나 될까? 연구에 따르면 동물의 수명은 성장기간의 5배이다. 사람은 25살까지 성장하니, 기대수명은 125살이 된다. 현재 세계 최고령은 엘리자베스 이스라엘이라는 도미니카의 한 할머니로 125세이니, 생물학자들의 주장은 설득력이 있다.
  1945년 우리 국민 평균수명은 43세였지만 요즘 70세를 훌쩍 넘겼다. 하룻밤 자고 나면 하루씩 늘어나는 셈이었다. 2050년 평균수명이 125세에 달할 것이며 세계 인구는 145억 명에 이를 것이라는 예측은 결코 지나치지 않다. 농업, 생명공학, 보건의료 기술이 이를 뒷받침하고 있다.
  장수 시대의 도래는 필연인 것 같다. 무드셀라 유전자의 해명은 초읽기에 들어갔으며 항암제, 항에이즈제, 치매 치료제 등도 속속 개발되고 있다. 식량문제가 난제로 남을 것 같지만, 장수를 향한 인류의 강렬한 열정과 고도의 과학기술과 품격 높은 지성으로, 그때쯤이면 지금의 2~3 배에 달하는 세계 식량 수요량도 메워 나갈 수 있을 것이니, 식량문제도 장수의 복을 해치지 않을 성싶다. 장수의 축복은 분명해졌다.
  그런데 내겐 벌써 후회의 마음이 든다. 쓸데없는 자책과, 지지부진한 연구의 스트레스와, 때로 마신 폭주와, 실패에 대한 두려움과,

아직 다가오지 않은 미래에 대한 공포감까지, 가지가지 근심 걱정에 젖어서 반백년의 금싸라기 시간을 허비하고 말았으니 말이다. 반백년은 펼쳐질 장수의 축복을 향유하기 위한 조련 기간으로 삼고 마땅히 조신하며 지냈어야 하였다.

때가 너무 늦은 것은 아닌가. 40년의 수명이 예상되는 삶과, 80년이 기대되는 삶, 그 사이에는 놀라운 차이가 있을 것이다. 그런데, 인생은 기껏 70살이라는 좁은 소견에만 젖어 살아왔다. 125년이 예상되는 삶을 준비했더라면 이제부터 왕성한 장년의 에너지를 서서히 분출하겠거늘, 벌써 난 중늙은이가 되어 버렸다. 인생을 너무 서둘렀다.

장수의 축복이 도둑처럼 찾아온 게 원수 같기만 하다. 미리 예보해 주지 않은 미래학자들이 밉다. 도둑을 가시로 막지 못한 것이 발등을 찧고 싶다.

그러나 중늙은이여! 진정하시오. 이렇게 된 바에, 새벽처럼 닥쳐온 도둑을 환대하는 것이 도리인 듯 싶소. 더욱이, 이분은 오복 가운데 첫째 손가락이 아닌가. 이분이 당신에게 왔다가 금방 다른 이에게로 떠나가신다 하더라도 공손히 환대해야 마땅하오.

나이 들면 집을 손수 짓고 싶다. 흙냄새 나는 집을 지어서 제금을 나고 싶다. 낳고 키워 준 부모로부터 독립하는 제금뿐만 아니라, 사회와 제도와 학문의 고정관념을 털어 버리고 참 자아를 찾아나서는 제금 말이다. 인생은 기껏 70살이라는 옹색한 소견으로부터의 제금 말이다.

지식을 포함하여 온갖 것들로부터 제금 나서는 느림과 감동과 만행(漫行)으로 살고 싶다. '應天上之三光 備人間之五福'을 새긴 대들보 위로 비치는 해와 달과 별의 하늘빛에 감응하면서 신의 선물을 누려 즐기고 싶다.

그러나 삼천갑자 동방삭이 그랬다는 것처럼 서왕모(西王母)의 복숭아를 훔쳐 먹을 뜻은 아예 없다.

(2001)

* 두보(杜甫)의 시 「곡강(曲江)」에서.

고엽(枯葉)의 미학

겨울이 되면 한 해를 뜻깊게 마무리해야겠다는 의무감과 조바심 때문에 걸음이 저절로 빨라지고, 삶의 무거운 그늘에 눌려 발버둥 쳐 온 나날이 애통하여 땅이 꺼지라고 한숨까지 날려 보내게 되면서, 인생을 더욱 심각하게 생각하는 철학자적 증상이 더러 나타나게 마련이다.

메타세쿼이아의 황톳빛 이파리들이 세차게 불어오는 북서풍을 못 이기고 떨어져서 단아하던 보도를 어지럽게 뒹굴면, 나의 쓸쓸한 겨울은 시작된다. 누런 이파리의 허리를 밟고 걸으면, 한하운의 「보리피리」의 아스라한 슬픔이 되살아나고, 김지하의 '붉은 황토'가 폐부로 파고 들어와 숨이 헉헉거리고, 올해도 겪었지만 주름살 투성이 농민들의 추곡수매촉구 농성장에 나부끼는 빛바랜 깃발을 짓이겨 밟는 것 같은 아픔이 가슴을 후벼 파니, 이맘때쯤이면 나도 저절로 심각해지는 것이다.

융단처럼 쌓여서 포근히 대지에 안겨 있던 낙엽들조차 찬바람에 날려 어디론지 다 사라져 버린 겨울 캠퍼스의 음산한 늦은 오후였다. 문득 창밖을 내다보다가, 널찍한 공터에서 벌어지고 있는 선선한 사건이 마음을 흠뻑 사로잡았다.

어디에서 출현하였을까, 거기엔 낙엽들이 한바탕 원무(圓舞)를 펼치고 있었다. 재충전된 생명의 환희! 가슴에 자그마한 흥분의 물결이 일었다.

고양이 새끼들이 떼를 지어 까르르 까르르 몰려다니며 별의별 장난을 치는 것이다. 그렇다. 희다 못해 푸르스름한 복장의 무희들이 떼굴떼굴 구르다가 갑자기 꼽발 서서는 플라타너스의 뿌리 언저리를 강강술래 하는 것이다. 그렇다, 그렇다. 대지의 어머니 가이아에게 환희의 경배를 올리는 것이다. 그렇다. 내 마음 한편으로 와락 미끄러져 안기는 것이다.

죽었다 살아온 살붙이들의 군무를 백 척 플라타너스와 은백양나무가 헐벗은 채 서서 내려다보고 있었다. 회돌이 바람 따라 봄 병아리처럼 어지럽고도 유쾌한 몸짓. 잠시 누웠다가 일어서서 벌이는 병아리 소꿉장난. 뒤집었다 엎어지는 아기자기한 행동거지. 저 귀여움, 귀요움! 풀밭에 숨었다가 바람 따라 다시 데굴데굴 불려 나온다. 신명나게 춤추던 무희들이 무대 뒤로 썰물처럼 빠져나갔다가 앙코르 박수를 받으며 밀물처럼 등장하였다.

나서 자라서 시들어 죽는 것, 또다시 죽음으로부터의 부활과 성장을 거쳐 영원한 대자연의 법칙에 순응하는, 아니 이러한 일 자체가 이미 대자연의 법칙을 똑바로 증명해 보여 주고 있는 것이 아닌가.*

미련 없이 스스로 무화(無化) 중인 겨울 낙엽에서, 나서 시들고 죽었다 다시 부활과 성장을 되풀이하는 영원한 대자연의 법칙을 생각하며, 오히려 마음을 누그러뜨리며 위로를 삼음이 좋겠다는 생각을 해 왔다. 풍요롭든 구차하든, 영화롭든 하찮든, 모든 존재는 반드시 종말을 폭탄처럼 품고 있는 법 아닌가. 가시적 종말의 애상(哀想)을 어떻게 위로할까. 눈에 보이지 않지만 사상이나 신앙이나 우정이나 연애로 훨씬 완화되고 선미(善美)하게 장식할 수 있을 법하지 않은가.
　낙엽은 결코 호락호락한 것이 아니어서 그저 구둣발에 짓밟힐 수 없는 어떤 것이다. 그것은 만유인력이거나, 억겁윤회이거나, 불가사의다. 없는 듯이 있고 있는 듯이 없는 그런 것. 알파인 듯 오메가요, 종말인 듯 태초인 그런 것. 꼬리에 꼬리를 물고 스스로 회돌이 치는 운동력. 스스로 채우고 스스로 비우는 자유자재. 우주의 장대(長大)와 복잡 미묘한 것을 다 품어 안은 겨자씨알의 넉넉함과 충일함까지.
　인간이 운동력과 영원회귀를 걸치고 있다면, 낙엽도 마찬가지 아닌가. 따라서 인간은 이렇게 말할 수 있다. "인간은 낙엽과 마찬가지로 스스로 존귀한 존재이며 기억력과 신경경영(神經經營)이 만물 중 가장 뛰어났다."
　깊어 가는 겨울, 엷어지는 햇살. 천진한 낙엽들은 어지럽게 회돌이 치고 흩어졌다 모이며 휩쓸려 다닌다. 바람에 몸을 맡긴 채 스스로 채우고 만족하는 한바탕 난만한 춤이다. 결코 구둣발에 밟히지 아니하는 존재의 즐거움을 다하고 있다. 회돌이 바람을 올라탄 끝없는 운동력. 고엽은 어리고 푸른 여름 잎사귀의 살 비린내를 초극하였다. 바삭바삭 부서지며 떼굴떼굴 구르는 낙엽들은 대자연의 법칙을 증명하고 있었다.

나는 기분이 좋아졌다. 이때, 나에게 "함께 춤을 춥시다. 한바탕 즐거움에 참예합시다."라고 겨울 낙엽들이 초대장을 내밀었다. "즐겨라. 노래하고 춤춰라." 나는 한 잎 가벼운 낙엽으로 춤의 잔치에 참예하고 싶어졌다.

나는 기분이 풀렸다. 붉은 황토도, 보리피리 소리도, 빛바랜 깃발도 내 것이 아니었다. 그저 죽지 않고 하늘로 들려 올라갈 것 같은 기분이었다.

무대에 막 오르려 했을 때, 그러나 그때 어스름이 깔리고 만물이 갑자기 숨을 멈췄다. 바람이 잠들고, 원무는 끝이 났다. 운동력은 바람같이 사라지고 낙엽들은 바닥에 버려지고 말았다. 나도 낙엽과 함께 땅에 떨어져 박살나고 말았다.

(1994)

* 박두진 수필 「가을나무」에서.

조락(凋落)

한 청년이 나무 위에 올라가 세차게 가지를 흔들어 대니, 붉은 잎이 가지런히 땅바닥에 내려 쌓인다. 가을의 풍광을 자랑해 볼 겨를도 없이 대지 위로 떨어져 내리는 억지 낙엽이다.

설악산이나 내장산의 현란한 단풍은 만인의 한숨 속에서 청량한 가을바람에 실려 떨어지는데 어찌하여 나무는 아쉬워하는 이도 없이 청년의 손에 가련하게 잎을 떨구고 마는가.

까닭 없이 청년은 단풍잎이 사랑받는 것을 마땅찮게 여기는가. 대저 청년은 누구이며 왜 이다지도 성급하게 흔들어 단풍잎을 후리는가. 긴장과 스트레스에 삶의 기쁨을 부지불식간 갉아먹히고, 무언가에 시달린 나머지 저런 증세를 보이는 것이 아닌가.

학생들은 시험에 시달려 풀이 죽고 봉급쟁이들은 승진이나 봉급에 목을 매는 바람에 직장생활에 재미가 없어져 버렸듯이 청년은 벌써 근로에 흥미를 잃어버렸는가. 창공을 나는 새의 무한한 자유에 대한 동경과 풍선처럼 부풀어 오르는 충동적 소비욕구에 시달린 탓인지도 모르겠다. 아니면, 자신의 욕망과 현실 사이의 괴리에서 덮쳐 오는 격렬한 통증과 무력감에 못 이겨서, "에라 모르겠다! 가지나 흔들어 보자." 하는 소심한 마음의 발로에서 시작된 것인가.

자신의 정체성을 확신하지 못한 나머지, 또 자신 앞에 베풀어진 인생의 오아시스의 축복이 두려운 나머지, 가지 위에서 발버둥 치며 탐구하고 있는 것인가.

요즘 제약회사에서 은행잎을 약용으로 수집하는 통에 소녀들의 책갈피에 끼워 둘 이파리 하나 남김없이 흔들어 쓸어가 버리는 일이 예사가 되었다. 가지에서 오래 빛나던 황금잎의 광휘와 바닥에 낙엽 져 누운 아름다운 자태를 감상하던 즐거움은 옛이야기가 되었다. 뱀과 개구리가 건강에 좋다는 바람에 온갖 수난을 당하여서 이젠 산과 들에서 찾아보기가 어렵게 되어 버렸다. 그렇다면 청년은 단풍잎을 모아 은밀한 곳에 숨겨 두고 귀하게 쓰려는 것이겠다. 혹시 보약에 쓸 것을 흔들어 구하고 있는지도 모르겠다.

아니면, 신경쇠약에 걸린 탓이 아닐까? 너무 무료하고 냉정한 도시생활에서 낭만을 창안해 내는 행위 예술가로 자임하는 과대망상증 탓에 위험을 무릅쓰고 나뭇가지에서 연출을 하는 것은 아닐까? 하는 동정심도 없지 않았다. 산업폐기물이 전에 없던 심각한 공해병을 유발한 탓이 아닐까? 사고가 너무 깊거나 외골수인 사람은 공해 탓에 최면에 걸린 것처럼 죽음의 공포에 사로잡히지 않는가.

그러나 그는 이미 「낙엽을 태우며」 정도는 읽었을 터였다. 낙엽을 태우면서 이효석 씨의 낭만에 젖어 보고 싶은 순진한 욕망으로 가지를 흔들어 대는지도 모를 일이었다. 대저 청년 시절에는 남녀 막론하고 사상가나 시인이나 소설가가 되어, 쉽사리 사(死)의 예찬론을 펴고 계절 따라 청춘의 환희와 고뇌를 노래하고 새벽이면 홀로 깨어 쓰디쓴 고독을 씹는 법이다.

그가 농부라면, 모르면 몰라도 낙엽을 모아 부엽토를 만들 요량으로 저렇게 할 수도 있겠다. 이것은 벼가 자라기를 초조하게 고대하다가 더 이상은 참지 못하고 어느 날 벼 모가지를 조금씩 잡아 빼 조장(助長)시켰다는 농부의 이야기와 다를 바 없지만, 가을바람이 헤살 짓기 전에 귀한 낙엽을 모으자는 마음에서 단풍잎을 조락(助落)시키고 있는지도 모르는 일이었다.

그러나 농부란 하늘에서 비와 양광을 빌고 대지에서 터와 양분을 빌어야 곡식을 키운다는 믿음이 두터운 철학자들이란 점을 감안해 본다면, 나무 위에까지 올라가 낙엽을 모으는 일은 철학자의 채신머리에 걸맞지 않다. 그들은 춘삼월에 뿌린 다음 느긋하게 기다려 팔월 한가위를 맞이하는 생활의 지혜를 체득한 철인들이 아닌가. 또 바람에 낙엽이 날린다 해도, 손오공이 제 아무리 날고 기어 봐야 부처님 손바닥 위이듯이, 결국 그것은 대지의 자양이 되고야 만다는 것쯤이야 농부라면 '척하면 삼천 리'인데 저 모양으로 안달복달할 것 같지는 않다.

이런저런 생각 끝에 궁금증이 오히려 구름덩이처럼 부풀어서, "뉘시며, 무엇하는 중인가요?" 하고 물어보고야 말았다.

"청소부입니다."

오라! 그렇다면 현대의 직장인들은 과중한 업무 때문에 이젠 더욱 성미가 급해지고 메말라서 고운 단풍조차 귀찮아졌다는 말인가. 우리들이 다소간 현대병을 앓고 있다는 것을 증좌하는 것인가.

(1983)

신귀거래사

고층 아파트와 인텔리젠트 빌딩 숲에서 위압감과 이질감을 자주 느낀다. 감당 못할 괴물과 대치하고 있지 않나 하는 두려움에 싸일 때도 있다. 콘크리트 도시를 당장이라도 내팽개치고 어려서 살던 시골로 보따리 짐을 싸고 싶은 마음 굴뚝같다.

歸去來兮 田園將蕪 胡不歸*
돌아가리라. 논밭이 오래 묵었으니,
어찌 돌아가지 않으리

오두막집인들 어쩌랴. 그때 지지리도 못 살던 시절, 푸른 하늘에 대고 가난을 원망하던 시절, 그때 흙냄새가 풀풀 나는 집이라 해도 괜찮다.

방바닥에는 죽석(竹席)을 깐다. 아이가 오줌을 싸면 얼마는 바닥으로 스며들고, 불을 지피면 매캐한 연기가 스멀스멀 새 올라온다. 흙바닥 본살의 내음과 오줌 머금은 누런 흙의 지린내도 함께 피어난다.

바닥이 갈라져도 연탄가스 중독 같은 끔찍한 일은 없다. 나무의 탄내가 향기롭다.

엎드린 채 바깥을 내다보도록 창은 낮게 내겠다. 가랑비가 풀잎을 간지럽히는 것을 무심하게 바라보고, 비 뿌리다 날이 개는 조화도 즐기련다. 가을이면 안개의 움직임과 가랑잎 떨어지는 모습에 몸을 떤다.

병아리들은 달음박질하고, 강아지는 새록새록 낮잠을 즐긴다. 대나무 숲에 바람 소리가 시원한 초여름, 남새밭 가에 빨갛게 익은 앵두가 수줍다.

"앵두나무 우물가에 동네 처녀 바람났네." 유행가의 가락이 제격인 곳.

아이들도 자연에 묻혀서 자랄 것이다. 점심을 들려서 그저 사립 밖으로 내쫓을 작정이다. 또래와 함께든 혼자든, 동네 안에서든 논두렁에서든, 산에서든 냇가에서든, 종일 놀릴 참이다. 도시락이라고 하지만 그저 밥을 버무려 담아 주는 정도. 때론 집 뒤 장광에서 옹기종기 점심을 나눠 먹고 있는 것을 보면 웃음이 피식 터질 것이다.

독서, 음악 감상, 편지쓰기, 텃밭 가꾸기가 나의 일과다. 마을 사람들과 한담이 즐겁다. 가끔 찾아오는 친구들과 감나무 그늘에서 막걸리도 한 잔 나눌 것이다.

귀거래혜. 귀거래혜. 돌아가리라. 돌아가리라.

상상은 나를 기쁘게 한다. 그러나 선택에는 얼마나 큰 용기가 필요한가. 직장은 어떻게 하며, 지인과의 교분은 어떻게 한담? 몸에 밴 도시생활의 타성은 어떻게 참아 낼 수 있을까?

자식만은 바로 키워야겠다고 원하는 것이면 무엇이든지 다 해 주면서 잔뜩 벼르는 우리. "애야, 이것 좀 먹어라. 제발 먹어 보렴." 애원하는 우리. 피아노학원, 미술학원, 웅변학원, 영어학원, 산수학원, 컴퓨터학원으로 내몰지 않으면 불안한 우리.

나는 시골을 잘 안다. 조그만 산골 마을에서 나고 자랐다. 시골생활의 여유와 환상의 유혹에 시달리는 사람이다.

동구 밖에 서 있는 늙은 왕벚나무가 꽃을 피우면 동네는 온통 분홍빛으로 가득하여 해가 지지 않을 지경이었다. 꽃 이파리가 하늘로 날려 지붕과 마당과 길바닥을 덮으면 분홍빛 주단을 깐 듯하였다.

냇가에서 물고동을 잡고, 산을 쏘다니며 참꽃을 따먹고, 찔구를 꺾고 송쿠**를 벗겨먹었다. 봄 언덕에서 삐비는 달콤하였고 당그레는 통통하였다.

암탉 품에 안겨 있는 달걀의 행복감. 날개 밑에 손을 가만히 넣으면 전해져오는 따뜻한 감촉은 엄마의 젖가슴이었다.

겨울날 언덕 밑에 새가 둥지를 틀었다. 우린 어미 새를 쫓아버렸다. 둥지의 조그만 알은 따뜻하였다. 하나를 꺼내 이리저리 굴리다 그만 깨고 말았다. 속엣것을 손바닥 위에 올려놓고 들여다보니, 실핏줄이 빨갛게 퍼져 있고 심장이 벌떡거리며 뛰고 있었다. 내 심장도 놀라 함께 뛰었다. 시린 손가락 끝의 아픔을 참으며, 박동이 멎는 것을 지켜보았다. 햇살은 희미하였다. 침을 뱉아 덥혀 주면 다시 뛰던 심장 박동.

겨울이면 논두렁에 불을 질렀다. 홀치***를 놓아서 토끼를 잡고, 토끼몰이도 했다. 초여름 보리서리. 수박밭 원두막에서 네 별 내 별을 세며 밤을 새웠다.

어느 초가을, 고라니 굴에 빠진 일도 있다. 아무리 소리치고 울어도 구원의 손길은 오지 않았다. 동그란 하늘만이 무섭게 푸르렀었다.

이렇게 자랐으니, 산과 들에 보이는 어지간한 것이면 분간이 되었다. 구렁이가 많은 곳, 붉은배 개구리가 사는 골짜기, 고동을 많이 잡을 수 있는 논, 한여름 나리꽃이 피는 언덕, 고소한 개암 열매가 열리는 산등성이, 늙은 도라지를 캘 수 있는 골짜기. 갯가에 가서 방게며 조개를 주워 올 줄도 안다. 앵두가 익을 때, 개구리 알이 올챙이로 변태할 때, 물고동이 맛있을 때. 약초를 얼추 구별한다. 가족이 감기에 걸리면 바로 달려가서 인동넝쿨을 걷어 온다.

저절로 배운 것이다. 시켜서 된 일이 아니며 또 그럴 일도 아니다. 또래끼리 가짜살림살이를 하며 밤을 지낸 것도, 암탉이 알자리를 만들듯이 볏짚더미 속에 움집을 지어 놓고 괜히 추위에 떨면서 지내던 일도, 시켜서 된 장난이 아니다. 띠풀로 만든 우장을 벗어던지고 비를 실컷 맞아 본 일도 억지로 된 일이 아니다. 침을 발라 창호지에 구멍을 내고 바깥을 내다본 일도, 흙벽을 파서 맛본 일도, 가르쳐서 생긴 일이 아니다. 저절로 그렇게 된 일이렷다. 그것이 자연이렷다.

저절로 건강하게 사는 법을, 자연이 건강한 것처럼.
저절로 행복하게 사는 법을, 자연이 행복한 것처럼.
저절로 성실하게 사는 법을, 자연이 성실한 것처럼.

이것이 고향과 자연에 바치는 나의 고백이며 헌사이다. 성냥갑 아파트와 고층 빌딩 숲이 무성해질수록, 도시가 팽창할수록, 내 헌사는 더욱 빛날 것이다. 감당 못할 괴물들과 대적하거나 투쟁할 뜻은 없다. 자연 속에서 건강하게 성실하게 행복하게 살아갈 생각뿐이다.

여기쯤에서 『엣세』에서 몽테뉴의 고백을 음미해 보자. "나는 기꺼이 그리고 감사하는 마음으로 자연이 나를 위해 만든 것을 받아들이며 즐거워하고 만족한다. 그것을 베풀어 준 위대하고도 전능한 증여자에 대해 그의 선물을 거부하고 지워 버리고 훼손한다면 그것은 그에게 잘못을 저지르는 것이다. 전적으로 선한 그는 모든 것을 선하게 만들었다."

(1994)

* 도잠(陶潛)의 「귀거래사(歸去來辭)」에서.
** 송기의 전남 방언.
*** 올가미의 전남 방언.

그늘에 대하여

 삶을 넉넉한 마음과 도량으로 이끌어야겠다. 그중 하나, 빠른 대답을 가급적 삼가려고 한다. 거기에는 습하고 축축한 그늘이 드리울 여지가 없다.
 내겐 그늘이 아쉽다. 약간씩 머뭇거리는 것, 상대편의 이야기를 귀담아 듣는 것, 살아가면서 종종 손해도 보는 것, 곰팡이가 낄 만한 닿지 않는 공간, 마음을 늦추어 갖는 것, 고통에 대한 인내, 이런 그늘이 내게는 부족하다.
 그늘은 여러 가지다. 나무 그늘, 수양산 그늘, 꽃그늘, 삶의 그늘, 세월의 그늘 등…….
 나무는 덕이 많다. 공기를 정화하고, 바람을 막아 주며, 눈을 시원하게 해 준다. 열매를 주며, 목재를 제공하고, 땔감을 주며, 종이를 주며, 토양 침식을 막아 준다. 나무는 보건의약품 등 다양하고 귀중한 천연물질을 준다. 거기에다 그늘을 준다. 그늘은 묘한 것이어서, 사람이나 짐승이나 심지어 미생물까지도 종국에는 그늘의 품에 안긴다.
 그늘 가운데 제격은 나무 그늘과 꽃그늘이다. 박목월은 "목련꽃 그늘 아래서 긴 사연의 편지를 썼"다. 하얀 목련꽃은 눈이 시리다. 꽃그늘은 아련하고 부서지기 쉽다. 그늘에서 쓴 청년의 편지에는 꽃잎의 습한 윤기가 묻어 빛난다. 여린 나뭇잎들은 꽃처럼 다급하지도 화려하지도 않지만 균형미와 당당함이 넘치고, 그늘은 푸르고 넉넉하다. 꽃그늘이 청년의 한때를 지칭한다면, 나뭇잎 그늘은 전 생애의 품격을 이름한다.

나는 목련꽃 그늘과 벚꽃 그늘을 좋아한다. 어느 봄날, 꽃이 피기를 기다리다 넋을 놓고 벚나무 가지를 꺾어 본 적이 있다. 행여 가지 속에 나의 꽃이 들어 있지 않나 해서였겠지. 벚꽃 그늘에는 팔짝팔짝 빛나는 영혼이 있고, 목련꽃 그늘에는 사랑을 근심하는 순결이 있다.

밀밭 그늘은 어떠한가. "밀밭에서 우리 둘이 서로 만나서 키스를 한다 해서 누가 아나요." 라고 스코틀랜드 민요는 노래한다. 밀밭은 발랄한 청춘의 비밀을 키우는 그늘의 공간이다.

나는 산골에서 태어났다. "어두운 산골짝 작은 집에 아련히 등잔불 흐를 때, 그리운 내 아들 돌아올 날 늙으신 어머니 기도해." 라고 자주 흥얼거린다. 등잔불이 만드는 흔들리는 그림자, 어머니의 그늘을 그리워하는 탓이다. 어려서 숟가락을 선뜻 내려놓지 않을 때면, "밥이 나쁘냐?"고 어머니는 물으셨다. '나쁘다' 란 말은 호오(好惡)를 가리는 뜻이 아니다. 모자란다는 뜻이다. 내겐 어머니의 그늘이 항상 나빴다. 해 질 녘 산 그리메가 드리우면 어머니 품이 그리워진다.

이런 그늘만 있는 게 아니다. 그리운 사람의 그림자가 비치지 않는 거리를 배회할 때, 내 마음에 깊이 드리우던 납덩이 그늘.

물론 시와 소설이 나의 생을 습윤하고 윤택하게 만들었고, 한 편의 영화나 연극이 내 가슴을 울먹이게 하였다. 밤하늘 아련한 별이 내게 동경을 주었다. 이것들도 모두 나의 그늘이라고 여겼다.

그늘 가운데 사람 그늘이 가장 크다. 여기서 그늘은 체격을 지칭하는 것이 아니다. 그늘을 남긴 사람들 가운데 등소평이나 나폴레옹이나 칭기즈칸이나 제퍼슨이나 이희승처럼 왜소한 분들이 많다. 등소평은 5자 안팎이었다. 일석 이희승은 정확히 5자 0치 5푼에 지나지 않다고 밝혔다. 미국에서 잠시 연구할 때, 본인이 설계하고 지어서 살았던 샬롯스빌 언덕 위의 아름다운 저택, 제3대 대통령 제퍼슨의 집을 둘러본 적이 있다. 정말 왜소한 침대였다! 키가 작은 나는 그의 침상을 보고 위로를 받았다. 그는 오늘 미국의 그늘이 되었다.

그늘은 궁핍과 좌절과 탄식과 슬픔으로 점철된 인생과 닿아 있다. 고달프고 핍진한 삶을 노래하고 덮어 주고 위로하는 그늘인 것이다. 괴테는 이렇게 그늘을 노래하였다.

> 슬픔 속에서 빵을 먹어 보지 못한 사람
> 눈물에 젖은 채 내일을 갈망하며 밤을 지새워 보지 못한 사람
> 이들은 그대를 모를지니, 그대 성스러운 힘이여.*

슬픔과 눈물, 빵, 어둠, 내일, 갈망은 적극적으로 인생의 그늘에 닿아 있다. 무한한 갈망과 슬픔으로 빵과 밤의 그늘에 잠겨 본 자만이 성스러운 힘과 연합할 수 있다. "슬픔에 비할 만한 진실은 하나도 없다. 슬픔으로부터 세계가 건설되었다. 어린이가 태어난다든가 별이 생기는 곳에는 항상 고통이 따른다."고 오스카 와일드는 설파하였다.

그늘이 내 영혼과 육체를 치유하고 윤택하게 하였다. 그늘은 곧 생명이며 갈망이었다. 그러므로 나는 고통을 두려워하지 않는다. 산고 끝에 아이가 태어나듯 고통과 시련 끝에 아름다운 영혼이 탄생한다고 믿는 탓이다. 그늘 속에서 내 영혼은 오히려 치유 받고 평화를 맛본다.

그늘이 편하다. 평화를 누리나니.

(2001)

* 괴테의 책 『파우스트』에서.

II

찰라의 환희

내게 기쁨이 참으로 긴 시절이 있었다. 연필을 한 자루 사서 손에 넣었을 때, 한 켤레 새 고무신을 사서 내 발에 신겨 주시는 어머니와 눈이 마주칠 때, 새알사탕을 친구와 나눠 입에 넣었을 때, 점심시간에 도시락을 들고 뒷산으로 올라가 억새풀을 꺾어 젓가락을 만들어 친구와 나눠 먹었을 때, 논바닥에 묻어 두었던 풋감을 찾아 손에 들었을 때, 참꽃을 한 입 베어 물고 너랑 쳐다보던 때, 새 책 한 권을 사서는 밤새 읽다 먼동이 훤히 밝아올 때……. 나의 기쁨은 순수하였으며 완전하였다. 여운은 달콤하고 길었다.

지금 나의 환희는 순간적, 찰라적 환희뿐이다. 시끄럽고 값비싼 소비적 환희뿐이다. 극대화된 욕망의 자극적 충일 위에 걸리는 최면의 연속. 환희의 자본화. 광고의 홍수에 휩쓸렸다. 광고는 사람을 대상으로 삼지 않았다. 대신 욕망을 고객층으로 삼았다. 기쁨 대신 환희의 광기를 부르짖는다.

사냥된 욕망이 구름 그림자처럼 스멀스멀 살갗을 기어다닌다. 욕망의 아가리에 물릴 수 있는 것은 돈뿐이다.

(1998)

언어의 밑그림

국어 교사인 친구가 말하였다. "어려서 그림을 많이 그려 본 사람이 언어에 소질이 비상하다고 들었네."

그림과 언어는 판이하게 다른 세계인 것 같은데, 어째서 이런 상관이 가능하다는 것인가. 그림이 언어의 조형물이거나, 언어가 그림의 지시물이거나, 언어는 곧 그림이라는 등식이라도 성립된다는 말인가.

그림에 밑그림이라는 것이 있듯이, 언어의 밑그림은 회화이다? 태초의 대자연이 회화의 세계라면 언어는 회화의 세부기술이다? 『창세기』에서는 말로써 그림(세계)를 창조하였다 하지만, 그래도 말과 그림 사이에는 상관을 찾기 어렵다.

그런데 어린이의 성장과정에서 미술학원 선생님이 곁에서 이것저것 지적하고 칭찬해 주면서 대화를 자주 나누는 것이 아이의 언어기능 발육에 보이지 않는 자양분이 되었을 수도 있겠다. 그림 교육방법의 하나로 학생에게 자기 그림을 설명하는 기회를 주면, 회화를 통한 언어 소양 쌓기에 일조할 수도 있을 성싶다.

그러나 친구의 말은 "어려서부터 말을 잘하는 사람일수록 사업수

완이 비상하다고 들었네."라는 말과 별반 차이가 없어 보인다. 게다가, "그림을 잘 그리는 사람은 사업수완이 비상하여 재벌이 된다고 들었네."라고 주장한다면, 어떻게 되겠나.

사람이 세계를 인식하되 마치 스펀지와 같아서 물을 빨아들이기도 하고 공기를 빨아들이기도 하지만, 사람들은 "스펀지는 물을 잘 빨아들인다."고 말할 따름이다.

(1995)

아버지의 회초리

내 아버지는 매우 엄격하셨다. 대쪽 또는 싸리가지로 회초리를 정성스레 다듬어 잘 보이는 선반에 얹어 놓고 내게 늘 경계하도록 하였다. 일을 저질렀을 때는 엄하게 시비를 가려 종아리를 때렸다. 회초리가 부러질 때는 도중에 내 손으로 회초리를 만들어 대령하기도 하였다.

그런데 중학교에 입학하여 얼마 지나지 않았을 때였다. 아버지는 나를 불러 앉히고는 선반 위에 놓여 있는 내 회초리를 가리키며,

"내려와 앞에 놓아라." 하셨다.

"네가 우리 집 첫 중학생이 되었다. 중학생이라면 자기 일을 자기가 책임질 만한 나이이며 지식인이라는 뜻이다. 네게는 이제 더 이상 회초리가 필요 없다."

나는 어리둥절하였다. 혼란스러웠다. 아버지는 말씀을 이으셨다.

"자, 내가 보는 앞에서, 이제 네 손으로, 네 회초리를 분질러서 내다 버려라."

나는 회초리를 분질러 마당가에 내다 버렸다. 마당이 환해지고 훨

씬 넓어진 느낌이었다. 눈을 들어 보니, 안산이 가까이 다가와 내게 힘을 실어 주는 것이었다. 나를 대접해 주시는 아버지에 대한 감사와 함께 자존감이 샘솟았다. 어린 나를 이렇게까지 높이고 인정해 주시다니!

나는 강한 책임감을 느꼈다. 부모님께 실망을 안겨드리지 않으려고 노력하였다. 스스로 경계하는 정신의 회초리를 만들어 나를 채찍질하였다. 아버지의 그것보다 더 매섭고 아픈 회초리였지 않나 싶다.

인간에게 악에 대한 충동이 없으면 집도 짓지 않고, 아내도 취하지 않고, 아이도 낳지 않고, 일도 하지 않을 것이라는 탈무드의 주장이 있다. 인간은 절반은 육체이며 절반은 정신인 존재 아닌가. 절반은 선하고 나머지는 악한 존재 아닌가.

그러나 악한 충동은 반드시 절제되어야 한다. 그것은 처음에는 여자처럼 약하지만 내버려 두면 남자처럼 강해진다. 그것을 다스리도록 하기 위하여 무엇인가 재갈을 물리고 가르쳐야 한다.

체벌에 관한 논란이 끊이지 않는다. 찬성도 반대도, 완전한 승리는 없었다. 체벌은 주로 학교 교육현장의 문제였다. 여기에 이번 윤일병 사망사건까지, 군대의 체벌도 심각하다. 결국 살인까지 초래하였다.

체벌의 역사는 인류의 역사와 함께 유구하다. 귀한 자식 매 하나 더 때리고 미운 자식 떡 하나 더 준다는 우리 속담과, 아이의 마음에는 미련한 것이 얽혔으나 징계하는 회초리는 이를 멀리 쫓아낸다는 성경 구절을 보건대, 매나 회초리는 자식이나 아이들의 교육에 필수적인 장치였다 할 것이다.

아이들을 가르치는 데는 사랑의 기술이 필요하다. 문제는 사랑에는 항상 어떤 광기(狂氣)가 있다는 것이다. 그러나 또한 사랑에는 언제나 그만한 이성(理性)이 있다는 것이다. 사랑의 광기와 이성이 균형을 잡느냐 그렇지 않느냐에 따라 이성의 회초리가 되기도 하고 광기의 몽둥이가 되기도 할 따름이다. 둘 다 바르게 가르치려는 사랑에서 나왔지만 이렇게 다르다.

(2014)

거울 앞에서

하얀 바탕에 간간이 검은 머리카락이 비치는 것이 여지없이 닮았다. 그윽이 내다보는 깊은 눈길, 쌍꺼풀이 지다 만 것 같은 속눈썹, 약간 붉은 핏기가 있는 흰자위까지, 아버님을 닮았다. 웃을 때 입술이 약간 삐뚜름해지는 것도 여지없다.

인생을 꼭 같이 쓴 것도 아닌데 이렇게 닮다니. 나는 평생 교수로서 연구실 책 속에서 곰팡이 냄새 맡으며 살았다면, 아버님은 일생 농부로서 하늘 아래 논밭에서 벌거숭이로 사셨지 않은가. 이렇게 다르게도 살 수 있을까 싶건만, 시간이 지날수록 안팎이 더 닮아가는 것은 어쩔 수 없었던 모양이다.

눈길이 다시 거울 속을 더듬으면, 마음이 아파온다. 말년, 아버님의 외로운 모습이 비친다. 아버님이 병상에 계실 때 나를 바라보던 눈길이 이랬다. 말씀은 아끼셨지만, 간절하게 위로를 구하는 눈길이 아니었던가.

가계가 어려운 형편에 내가 중학교에 들어가면서 아버님은 광양 금광에서 일을 하셨다. 그리고 진폐증을 앓게 되었다.

"너희들은 애신(愛身)하는구나."

환갑이 지나고, 어느 해인가 쓸쓸하게 말씀하셨다. 말씀의 뜻을 지금도 새겨본다. 그때는 젊어서 이해할 수 없었지만, 환갑이 지난 이제 말씀의 심사를 알 것 같다.

활력을 상실해 가는 육신과 여기서 오는 이전에 없었던 이물감. 다시 봄을 기대할 수 없는 비가역적 생의 과정에 대한 절망적 불가항력과 비감(悲感). 노인의 무망(無望)한 박탈감. 게다가 각자 흩어져 살면서 비치는 자식들의 무관심까지. 이런 것들에 대한 탄식이 아닐까 싶다.

'상한 마음을 이해하고 위로해 드리지 못하였으니, 불효하였어요. 참 어렸어요, 그땐.'

거울을 들여다보면 나를 바라보는 사람은 내가 아니라 아버님인 것이다. 홀쭉해진 볼, 가무잡잡하고 쪼글쪼글한 피부, 약간 벗어진 이마, 깊이 파이는 주름살, 꽉 다문 엷은 입술, 그리고 고독한 눈빛.

그렇게 되고 말았다. 해외출장에서 돌아오기를 기다리기라도 하셨던 것일까. 그날 첫새벽에 돌아가셨기에, 관에 누워 계신 아버님을 뵙게 되었다. 차가운 얼굴을 두 손으로 쓰다듬으면서, 말씀을 드렸다.

"용기 있게 사셨어요. 아버님은 영웅이셨어요. 진심으로 존경합니다."

때늦은 헌사였다. 고인은 위대한 승리와 함께 삶을 완성하셨다고 나는 생각하였다.

전쟁과 가난과 병마(病魔) 가운데서도 절대 자포자기 하지 않으셨다. 인생이라는 벌판에서 늠름한 소나무처럼 대가족을 형성하고 지켜 내셨던 것이다.

눈길이 거울 속의 인물과 마주치면, 애잔한 눈빛 탓에 몸을 숨기고 싶어진다. 등을 돌리는 것으로 허전한 눈길을 피할 수는 있지만, 그 눈빛이 갈구하는 바는 외면하기 어렵다.

다시 돌아서서 그를 만난다. 간절히 바라고 사모하는 영웅. 아버님의 외로운 모습이 비친다. 마음이 아려온다.

거울 속 그늘이 통째로 흔들린다.

(2013)

스스로 도왔다

1

광양농업고등학교에 다닐 때, 가슴속 깊은 곳에는 희미하지만 뜨거운 무엇이 자리하고 있었다. 어떤 모습을 하고 세상에 드러나고 싶어 하는 것이었다. 무엇이었을까.

우선 나는 가난한 부모님을 위로해 드리고 싶었다. 힘이 되어드리고 싶었다. 어떻게 위로하고 힘이 되어 드릴까. 늘 가슴을 짓눌렀다.

왕복 16㎞의 길을 하루도 거르지 않고 걸어 다니면서 3년 개근하였다. 다른 일을 하고 싶다 할지라도 시간을 낼 수 없었다. 대신 열심히 공부하여 장학금을 받아서 짐을 덜어 드리고자 하였다. 다른 방법이 없었다.

주말이면 집안일과 농사일을 도왔다. 여름 방학이면 하루에 풀을 석 짐씩 베다 날랐다. 광양군 풀베기 경연대회에 마을 대표 선수로 출전한 적도 있다. 쟁기질도 잘하였으니 써레질은 물론 잘하였다. 여름 내내 벼논 풀매기는 괴로운 일이었다. 이것도 가족과 함께하는 일이기에 싫증내지 않고 해낼 수 있었다. 벼논 속에서 허리 굽히면 보이지 않을 정도로 체구가 작았지만 한몫 해냈다. 가을이면 솔티재 너머 논에서 벼를 져다 나르는 일도 열심히 하였다. 다리가 후들거리고 땀으로 멱을 감았다. 부모님이 지는 고통에 참예하는 것으로 위안을 삼고자 하였다.

헨리 소로(Henry Thoreau)는 "경험을 통해 내가 깨달은 바, 누구나 꿈을 이루기 위해 자신감을 가지고 밀고 나가면, 원하는 삶을 살기 위해 열심히 노력하면, 언젠가는 뜻밖의 성공을 거두게 된다."고 말하였다. 그 말처럼 나는 뜻밖의 성공을 거두게 되었다.

2

"신은 스스로 돕는 사람을 돕는다(God helps those who help themselves)."는 격언을 좋아하였다. 스스로 돕는 사람이 되기 위해 평생 노력하였다. 지금도 그렇다.

누가 스스로 돕는 사람인가. 자신의 소중한 꿈을 성취하기 위해 모험심을 가지고 때론 위험까지 무릅쓰고 당차게 밀고 나가는 사람. 자기의 원하는 삶을 살기 위해 부단히 노력하는 사람. 스스로 돕는 사람이다. 아무것도 하지 않는 것보다 노력하다가 실패하고 잃고 또 도전하는 사람. 그 사람이다.

난 스스로 도왔다. 아무리 어려운 경우에도 자신을 함부로 하지 않고, 절망하지 않고, 내 자신의 모든 것을 믿고 열심히 하고자 하였다. 그래서 서울대학교 농과대학에서 공부를 할 기회를 잡았다.

3

광양농업고등학교에 어렵게 진학하였다. 가난한 집안 형편 탓에 맏형은 초등학교만 졸업하였다. 동생이 광양중학교 진학을 앞두고 있는데, 내가 유학을 간다면 동생은 진학을 포기해야 할 입장이었다. 최선의 선택은 광양농고로 진학하는 것이었다. 지나고 보니, 이것만 해도 최고의 행운이었다.

남아프리카공화국 민주화의 상징인 넬슨 만델라 전 대통령은 말하였다. "인생에서 가장 위대한 영광은 절대로 실패하지 않는 것이 아니라, 실패할 때마다 다시 일어서는 데 있다."

광주나 서울로 유학을 가지 못하였지만, 난 포기하지 않았다. 실패할 때마다 딛고 일어서는, 스스로 돕는 사람이 되고자 하였다. 나는 스스로 돕는 사람이라고 믿었다. 나의 원하는 귀한 것을 광양농고에서 성취할 수 있다고 믿었다.

가슴속 깊은 곳 그것이 늘 나를 붙들어 주었다. 육신과 정신력이 다 소진된 나머지 깊은 구렁텅이에 내동댕이쳐졌을 때, 절망의 나락에서, 포기 이외에 어떤 선택도 보이지 않았을 때에도, 그것이 나를 붙들어 주었다.

4

대학 졸업을 앞두고 있을 때, 한 선배를 통하여 어느 분이 유학을 보내주겠다는 제안이 들어왔다. 기뻐서 날뛸 듯하였다. 정말 유학의 기회가 온 것이다. 그러나, 기쁨은 잠시였다. 난 심사숙고하였다. 부모님의 가난을 생각하니 이역만리 미국으로 떠날 엄두가 나지 않았다. 당장 취직하여 동생들의 학비를 대야 한다는 압박감에 제압당하고 말았다.

늦은 가을 저녁의 음산한 그림자처럼 회색빛 가난의 끈질긴 올가미에 목이 죄이고 말았다.

또다시 실패였다. 눈앞의 확실한 가난과 멀고 불확실한 미래와의 전투에서, 승리는 확실한 가난의 차지였다. 현실의 굴레를 과감히 뿌리치고 위험을 무릅쓰고 떠나지 못한 자신을 책망하면서 오래 괴로워하였다. 난 울었다.

그때, 불현듯 "이 자리에서 지금 무언가를 하는 사람이 스스로 돕는 사람이다."라는 생각을 하게 되었다. 마음을 강하게 다잡았다. 실패를 딛고 일어났다. 내가 믿어 온 격언처럼 신의 도움을 확신하였다. 난 더 이상 운명의 노예가 아니라고 감히 선언하였다.

5

유학 대신 농촌진흥청에서 실험조수로 사회에 첫발을 내디뎠다.

이후 대학원에 진학하게 되니 학문에의 문이 열렸다. 서울대학교 대학원에서 석사 박사 학위를 수여받았다.

신은 스스로 돕는 그 사람을 통 크게 도와주었다. 1980년 전남대학교 교수가 되었다. 교수로서 교육과 연구와 사회봉사에 최선을 다하였다. 제자들과 함께 밤을 새며 재미나게 연구하였다. 연구논문을 꾸준히 국제학술지에 발표해 왔다. 국제학술회의에 초청받아 강연도 종종 하게 되었다. 중국, 터키, 태국, 베트남 등에서 온 해외 유학생 제자들도 다수 배출하였다.

"언젠가는 뜻밖의 성공을 거두게 된다."는 헨리 소로의 말처럼, 나는 성공을 거두게 되었다. 이것은 뜻밖의 성공인가, 아니면 약속된 성공인가.

6

광양농업고등학교를 다닐 때 품고 있었던, 가슴속 깊은 곳에 웅크리고 있던 희미하지만 뜨거웠던 무엇, 당당한 모습으로 세상에 드러나고 싶어 하였던 그것을, 보듬고 기억하면서 살아왔다. 나는 그것과 종종 대화하면서, 확인하고 쓰다듬으면서, 힘을 얻었다. 나를 스스로 돕는 방식이었다.

중요한 것은, 지금도 나는 스스로 돕기 위해 노력하고 있다는 것이다. 이것이 내 삶의 확고한 철학이며 방법이다. 복잡하지 않고 단순하다.

나의 사랑하는 후배들이 스스로 돕는 사람이 되었으면, 좋겠다.

그리하여, 신의 통 큰 도움을 받아라. 그것은 신에게 빚진 것이 결코 아니다. 그대들에게 약속된 신의 고귀한 선물이다. 그대들이 두려움 없이 도전하고, 실패하고, 또 실패를 딛고 일어서는 것으로 스스로 돕는다면, 그대들은 자격이 있다.

(2013)

귀소본능

　강의와 논문과 학생 취업과 연구비 등으로 머릿속이 빽빽하고, 지친 몸뚱어리를 마땅히 눕힐 곳이 없는 것처럼 느껴질 때면, 그리고 '이래서는 안 되지. 더는 견디기 어렵지. 정녕 주저앉아 버리면 다시 두 발로 서기 힘들지.' 하는 헛소리를 듣게 되는 지경에 이르면, 내겐 불현듯 범바구*(虎岩)마을이 뇌리에 떠오른다. 거기 계시는 아버지와 어머니가 전답에 나다니시는 것이 보이고, 동구 초입에 하늘을 능히 덮을 것처럼 서있는 팽나무가 보이고, 죽어서도 당당히 서 있는 참벚나무의 그런대로 속을 늦추며 새끼나무 하나를 곁에 남겨 세전(歲傳)시키는 자태가 보인다.
　당산나무 그늘 속에서 아버지는 때때로 자울기도 하시고, "태산이-높다-하되-하늘-아래-뫼이로다-아-아-." 목청을 한껏 뽑기도 하셨는데, 지척에서 냇물이 '조오-타!' 하고 따라 흥을 돋우는 장단소리도 들려오는 것이니…….
　쉼 없이 흘러가는 맑은 물줄기의 노래와 얼마 전까지 있었다는 방아거리의 물레방아 돌아가는 소리가 하모니 되는 것 같을 뿐만 아니라,

바람이 불면 가까이 대숲에서 서걱거리는 것이 있어 지상의 갖은 먼지와 더러움과 아픔과 능욕과 욕망을 싹 쓸어서 멀리 국사봉(國師峰)과 억불봉(億佛峰)으로 소지(燒紙) 태워 올리는 환상까지 비쳐 오니…….

이런 연유로 불가항력에 이끌려, 한 달여 앓아 온 지독한 감기에서 회복되는 마지막 오르막을 참아내면서, 소주와 과자를 사들고 고향을 찾았다. 버스를 기다려서 솔티재에 당도하니, 하늘에는 수많은 별무리들이 나보다 먼저 와서 길을 안내하였다.

처음 뵈올 때 어머님은 약간 수척해 보였지만, 내가 당신 곁에 왔다는 것이 곧 상약(上藥)이 되어 금방 원기를 회복하셨다. 시골의 정취는 어느 정도 외풍에도 있는 것이어서, 방바닥은 따뜻하지만 위는 시리니, 얼마나 멋진 조화이냐. 이런 헝클어진 조화를 맛보면서 살맛을 조금씩 회복하고 또 모진 감기의 오르막을 이겨 내게 되는 것인데, 부모님이 안 계시다면 이 치료법이 들어먹힐지 누가 장담하겠는가. '부디 아버님 어머님은 무병장수 하소서.' 하며 부모님 곁에 누웠던 것이다.

부모님이 건강 장수하셔서 좋은 일이 이것뿐이겠는가. 고희 되신 어머니의 딱 달라붙은 젖가슴을 만지작거리는 기쁨이 있다. 이것이 매화 등걸이라면 춘2월 보란듯 눈 속에서 당당하게 피워 올릴 화아를 품었음 직한데, 고준한 선비의 사랑을 고대할 만도 할 터인데…….

"어무니, 난 얼마나 오래 젖을 먹고 컸어요?" 하였더니, "삼 년을 꼬박 물렸다." 하신다. "도통 못 먹은 것 같은데요." "삼 년 내내 젖꼭지 물렸다." 난 철없는 아이가 되었다. 그리고 위대한 사랑과 조금도 다르지도 않고 못하지도 않은 내 어머니의 생사랑을 느끼며 행복해질 뿐이었다. 어머니의 젖을 만지니 가람 선생의 시조 「젖」이 생각났다.

나의 무릎을 베고 마지막 누우시던 날
쓰린 괴로움을 말로 차마 못 하시고
매었던 옷고름 풀고 가슴 내어 뵈더이다

이젠 영혼의 사리를 키우시는가. 비록 앙상할지언정 젖가슴에 품은 그것은 당신 자식들에 대한 눈 속의 매화꽃보다 더 매서운 사랑이리라. 영원한 생명의 대물림이리라. 우리 형제들이 창창히 키워 낼 당신의 손자들과 그들의 손자들의 손자들과……. 자손만대라는 어휘가 허황한 말장난이 아닌 것이 쭈그러진 젖의 사랑으로 느껍게 다가오매, 다시 한 번 숨을 누그러뜨리고 삶의 진득한 힘과 유장한 흐름에 동승할 용기를 회복하였던 것이다.

이번처럼 잔병치레 가운데 정력이 소진되고 사업의 땟국에 절어 가슴이 뻐근하고 머리골이 어지러우면, 나도 모르게 탯자리를 찾아 범바구 마을로 가게 되는 것이니, 그래서 부모님 곁에서 하룻밤이나마 함께 지내보는 천복(天福)을 누리게 되는 것이니, 세상만사가 맘대로 안 된다 해도 혹은 고뿔에 걸려서 며칠 정신을 못 차리도록 시달린다 해도 그렇게 나쁠 것만은 아니다. 인생살이에 곤고해진 내 영혼의 자연스럽고 선연한 모성 지향적 귀소본능에 절로 응한 것이 아닌가.

(1994)

* 범바위.

복순이

중골 아지매의 장례. 전주에서 발인하고 이곳으로 운구하여 상여는 없었지만 군쟁이골 입구 야산에 안장되었다.

복순이는 많이 울었다. 어매를 그리워하는 마음 깊기도 하겠지만 자기네 설움을 못 이겨 우는 것이라고 수군거리는 소리가 들렸다. 나는 복순이를 말리고 싶었다. 위로해 주고 싶었다.

"자넨 그동안 어매를 모시고 살았잖은가. 그만하면 할 일 다했네. 앞으로도 아부지를 모시고 살아야 할 것 아닌가. 이제 그만하게. 그만 울게나."

복순이는 나와 동갑내기다. 한 동네서 나서 함께 컸다. 논두렁을 달리며 나락논에 날아드는 참새를 같이 쫓았다. 중학교도 같이 입학하고 졸업하였다. 매일 왕복 40리를 걸어서 같이 통학하였다.

복순이는 중학생 때 부럽게도 연애를 하였다. 일찍이 바람을 피웠다고 말할 수 있었다. 여기서부터 그녀의 외난 삶이 시작됐는지도 모르겠다. 어떻든 연애편지를 주고받을 때는 내게 묻기도 하였다.

그것은 달콤한 유혹의 손짓을 따라 헤엄을 치며 따라가던 시냇물의 노정 같았다. 어디로 흘러가는지 분별하고 싶지 않았다. 언덕은 초록 신선한 잔디로 덮이고 하늘에는 흰 구름이 뭉게뭉게 피어 흘렀다. 분홍 장미의 샘에서 달콤한 꿀이 흘러넘쳤다. 아름답고 감미로운 꽃향기를 가득 실은 바람이 불어와 가슴속으로 파고들었다. 때때로 아직 아득히 닿아 본 적 없는 바다의 향수를 실어다 뿌려 주었다. 은빛 반짝이는 바닷고기 떼의 유영과 해초의 상큼한 환상을 펼쳐 보이며, 더 가까이 다가오라고 손짓하였다. 오, 그대여, 영원한 어머니, 생명의 모처(母處), 명상의 곧은 뿌리, 나의 별이여! 머릿속에는 온통 사랑만으로 그득할 뿐이었다. 오직 사랑의 달콤한 통증을 갈구하였다. 오, 나의 구원이여! 다른 어떤 고뇌에도 감각기관은 반응하지 않았다. 그녀의 반응은 사랑의 통증뿐이었다. 그것은 차라리 유일한 축복이었다. 그녀는 혼자이기를 거부하였다. 더 격렬한 사랑의 몸부림을, 더 진한 사랑의 아픔을 원하였다. 인생과 사랑의 어지럼병을 갈망하였던 것이다.

뜻하지 않은 교통사고로 남편을 잃었다. 무정한 사람은 아내와 아들 셋을 남겨 놓고 떠나 버렸던 것이다. 그녀의 나이 아마 서른 중반 때의 일이었다. 그녀는 힘난한 인생과 대적하였다.

그 후 그녀를 거의 만나지 못했다. 남편 사별 이후의 삶이 얼마나 절통하고 고독하였을까. 현실이 후려치는 채찍을 온몸으로 막아 내는 것, 부딪혀오는 것들 앞에서 풀잎처럼 눕고 해일처럼 일어서는 것, 인내와 용서와 복종으로 복수하고 이겨 내는 것. 철저하게 삶을 부정해야만 이겨 낼 수 있었고, 또 한편 철저하게 긍정해야만 복수할 수 있었을 것이다. 그녀에게는 아들 셋과 함께 친정 부모와 오빠가 있었다.

존재와 관념과 인습과 언어와 부딪히며 싸워 왔다.

　그녀는 지금 투쟁의 전리품 하나를 보듬고 울고 있다. 영원히 묻어야 하는 싸늘한 어머니와 관계와 그리움과 설움을.

　그녀는 울고 또 울었다. 사랑의 어지럼병은 저만치 달아나고 그녀는 울보, 미친 듯이 엄마 바보가 되었다. 나의 눈가에 이슬이 맺혔다.

　무엇이 슬픔인가.

　갑자기, 수없이 많은 나의 복순이가, 엎드려 울고 있었다. 나는 돌아서서 눈물을 삼켰다. 함께 노래하며 손잡고 걸어서 학교에 넘나들던 솔티재가 지척에 보이는데…….

(1994)

안개 속에서

1

자연, 엄마, 그리고 신. 나는 늘 그와 감응하고 싶어 하였다. 하나가 되고파 하였다. 마음의 병은 이 정신감응에 안기지 못한 상태였다.
제2차 대학수학능력평가 시험날이다. 새벽부터 안개가 자욱하다. 허다한 사람들이 허둥댄다. 이런 중차대한 날 우윳빛 안개라니!
안개는 고독하다. 도시와 건물 사이를 하늘부터 땅까지 채웠다. 그에게는 그만한 일은 일도 아니다. 나무들 사이를 채웠다. 그에게는 원래 일이 없다. 나와 우주 사이를 해 뜨는 데부터 해지는 데까지 밀폐시켰다. 그는 나와 나 사이를 꽉 채워 가로막았다.
나는 수험생들의 조바심도 잊은 채 안개 가운데로 걸었다. 만물이 고립되었다. 부피가 없어지고 세계는 가로와 세로만의 까칠한 평면이다. 만물이 고독한 그림자가 되었다. 소리는 표백되고 없어졌다. 말이 사라졌다. 우윳병 속에 묵음으로 갇혔다. 떠다니는 고독들!
고독한 그림자의 사람들. 내 곁을 가로로 세로로 스치며 귀신처럼 떠다닌다. 흑백의 무표정. 말이 없다. 소리가 없으니, 잡음이 없다. 귀는 역할이 없었다.

이 그림자의 그림을 본 적이 있는 듯한데? 이 느낌의 세계를 본 듯도 한데? 모태에서였을까, 아니면 그보다 더 내력이 깊은 창세 이전의 혼돈에서였을까.

> 이상하다 안개 속을 거니는 것은
> 수풀과 돌은 모두 외롭고
> 나무들은 서로 보이지 않는다.
> 모두가 다 혼자다.*

안개 속을 거닐며 나무를 만났다. 안개 속에서 나무는 다른 존재였다. 그는 고독 속에서 높아졌다. 바위를 만났다. 안개 속에서 바위는 다른 존재였다. 그는 앞가슴에 더 먼 시간을 품고 있었다. 그는 더욱 장대해졌다.

안개는 매캐하고 느리게 도시 속을 기어 다녔다. 시간이 국수발처럼 늘어졌다. 느린 안개로 예상치 못한 교통사고를 당하고, 수험생은 허둥대고, 비행기는 연발착하였다. 그에게는 그만한 일은 일도 아니었다.

2

안개가 시나브로 잦아졌다. 조심스레 공간이 드러났다. 무등산이 드러났다. 아파트 숲이 드러났다. 줄지어 선 이팝나무들이 드러났다. 천연색의 세계로 천천히 드러났다. 눈에 보이는 것이나 안 보이는 것이나 제 색조를 드러내고 보니, 마음이 바빠졌다. 시간이 드러났다. 우러나고 넘쳐나는 색조로 마음이 번잡해졌다.

스스로 재촉하는가. 나는 뒤로 돌아서 안개 속으로 다시 갈 수 없었다. 앞으로만 갈 뿐이다. 내 뒤는 짧으나 앞 사다리는 길다. 뒤가 앞으로 와서는 안 되는가. 뒤에 가을 햇살이 앞에 안개를 깊이 찔러 댔다. 안개는 시나브로 잦아졌다. 안개는 햇살과 어울려서는 안 되는가.

빛의 세계가 이상하게 일을 벌였다. 은행잎이 눈물처럼 노랗게 떨어져 내렸다. 지난봄 올려 세웠던 슬픈 깃발이 마침내 쓰러졌다. 나는 발가벗겨진 채 혼자 걸어서 앞으로 갔다. 잎사귀는 눈물처럼 시간의 입안으로 흘러들었다.

나는 가을 안개 속을 걸었다. 그리고 시간 속으로 걸어 나왔다. 내 병은 나았는가, 깊어졌는가.

(1993)

* 헤르만 헤세의 시 「안개」에서.

길에 대하여

　국민학교 3학년 늦팔월, 해가 뉘엿뉘엿 저물고 있었다. 나락꽃이 하얗게 깔린 산골 다랑이 논길을 혼자 걸으면서 고삽재를 올려다보았다. 노을빛에 잠겨 산이 불그스레하다. 사랑과 따뜻함으로 내게 손짓한다. 길을 따라 가면 갯가로 개발하러 간 엄마를 만날 수 있다. 바구니에는 조개랑 바지락이랑 방게도 들어 있을 것이다. 어스름이 뒤 따라와도 내게는 두려움이 없었다. 가슴에는 엄마의 호흡으로, 귀에는 엄마의 발걸음 소리로 가득하였다. 고삽재 막바지에는 길이 갈렸다. 구길과 새 길. 새 길을 택하였다. 난 훌쩍거리며 바닷가 마을 서랑뎅이까지 갔다. 다행이 어느 어른의 집에서 저녁을 얻어먹고 잠이 들었다.
　빠르고 쉬운 방법이 없느냐, 시행착오 없이 목표에 도달하는 방법은 무엇인가, 하는 대학생들의 질문에 접하면 내게는 어릴 적 고삽재의 불그스레한 길이 뇌리에 떠오른다.
　두 갈래 길에서 각자 택한 나의 길과 어머니의 길. 내가 겪은 공포와 절망감. 나의 부재를 확인한 어머니의 놀람과 근심과 간절한 기원.
　세상에는 많은 길이 있다. 바람과 골짜기를 비집고 누워 있는 울퉁불퉁하지만 인정미 넘치는 시골의 고부랑길과 반듯하고 매끈한 도시의 포장도로. 농부의 농로, 항해사의 뱃길, 오아시스를 잇는 낙타의 사막길, 하늘의 항공로. 낚시터로 가는 길, 사냥꾼의 사냥길, 에베레스트로 오르는 길. 암벽 타는 사람들의 길과 행글라이더의 길. 우주공간을 질주하는 행성들의 길. 생사를 결정짓는 유도탄의 탄도.
　여기에 학문의 길, 자유의 길, 예술의 길, 사람의 길, 신앙의 길, 시인의 길, 정의의 길, 연구자의 길 등 형체가 없는 정신적 길도 있다. 이 길을 도(道)라고 부르며 더욱 중요시 여겨왔다.
　하늘의 천도(天道)와 사람의 인도(人道)는 드러나지 않는 길이다. 계절의 변환, 우주의 정교한 운행. 동녘이 밝아오면 태양이 떠오르고, 노을이 지면 별과 달이 반짝이며 돋아난다. 별은 시간을 따라 자리를 바꾸고, 달은 정해진 시간 간격을 두고 차고 기운다. 조수는 정해진 시간 들고 난다. 이것이 우주의 대행로, 대질서, 대음악이다. 태어나서 노력하다 죽음에 이르는 것은 사람의 길이다. 노력하는 사람의 길인 바에, 모든 길에는 인간의 땀과 가치관과 욕망이 투영되어 있다.
　길이란 희망의 소산이다. 인도의 황금과 향료를 찾아 나선 모험가들의 아프리카 남단 희망봉. 희망과 도전이 길을 뚫었다. 고비사막의 길, 비단길 천산북로, 수에즈 운하, 토성에 닿은 우주선이 보내온 우주의 음악도 그렇다. 괴나리 봇짐을 진 청년의 한양 길도 과거급제라는 청운의 꿈이 부추겼던 것이다. 지적 호기심에서 출발한 연구와 개발이 오늘 눈부신 과학기술혁명을 이룩하였다.
　길은 서로를 이어 주는 끈이다. 어려서 나와 엄마처럼 어긋나는 경우도 있지만, 길은 만남의 공간이며 실천이다. 만남이란 찢어 나누는 것이 아니라 향유하는 공명을 말한다. 길이 있는 곳에는 반드시 교역이 이루어졌으니, 번영과 풍요는 길의 소산이었다.

강이 물길을 이루는 이치는 자명하다. 피는 혈관을 따라 돌아야 한다. 봄, 여름, 가을, 겨울 순으로 계절에는 순서가 있다. 인생의 길을 가는 것은 순천(順天)의 실천이어야 한다. 순천자흥(順天者興)은 바른 길이 더 높은 생명으로 인도한다는 주장이었다.

모든 길은 로마로 통한다는 말이 있듯이 길은 끝이 없다. 땅 끝에 서면 뱃길이 앞에 펼쳐진다. 배가 닿는 곳이면 육로가 시작된다. 길은 길을 불러 이어지고 가지 치고 모인다.

길은 한결같지 않다. 평탄한 길에도 험한 고갯길이 이어진다. 오르막길은 내리막길로 이어진다. 우리는 험한 길, 가파른 길을 오를 때 솔직해지고 겸손해진다. 오르려면 허리를 낮추고 고개를 숙여야 한다. 내리막길에서는 뻐기는 자세가 되기 쉽다. 오만과 불손은 내리막길이 파 놓은 함정이다. 그런즉 역경은 극복하기 쉬우나 순경은 이겨 내기 어렵다.

좁은 문으로 들어가라. 생명으로 인도하는 문은 좁고 험하다. 멸망으로 인도하는 문은 넓어 그리고 가는 자가 많다.*

넓고 편한 길을 좇으면 청춘의 꿈은 오동잎처럼 훌쩍 떨어지기 쉽다. 시련의 바람이 불어치는 좁고 험한 길로 헤쳐 나갈 때 그것은 마지막 잎새처럼 이겨 낼 것이다. 조개의 아픔 속에서 아름다운 진주가 자라듯이 고난의 길은 생명을 지켜내고 영원으로 뻗어 나갈 것이다.

인생과 길을 대치시키는 말에 '인생행로'가 있다. 인생이란 길 위에서 벌어지는 사건이다. 시인 프로스트(Frost)가 지나온 인생을 뒤돌아보며 자신이 택했을지도 몰랐던 다른 길에 못내 아쉬움을 노래했던 「가지 않는 길」. 고삽재의 두 길. 내가 택해 넘어갔던 새 길과 엄마가 넘어왔던 구길.

우리는 길에 대해 책임감을 느낀다. 길 위에서 지켜야 할 규칙들이 있다. 좌측통행, 우측통행, 속도제한, 신호준수. 또 다른 원칙들이 있다. 경청과 배려, 배울 때와 실천할 때, 일해야 할 때와 휴식의 때. 붉은 신호등이 걸음을 묶으면 곧 푸른빛으로 바뀔 것을 믿고 기다려야 하는 것이 삶의 윤리다.

지름길만을 찾는 사람들, 고된 행군을 하지 않고 고봉정상을 밟고자 하는 사람들. 한 톨의 시행착오도 없이 목표에 안전하게 도달하겠다고 오로지 길을 묻기만 하는 청춘들. 이들은 한 발짝의 길도 내딛지 못할 것이다.

모든 시작은 어렵다. 그만큼 첫발을 내딛는 것이 중요하다. 삶은 이미 시작되었다. 새 잎 돋고, 꽃 피고, 열매 맺으며, 낙엽 지는 대지의 대질서 속에서 펼치는 인생행로. 서두르지도 말고 게으름 피지도 말자. 비록 길이 어긋났지만 어려서 고삽재를 혼자 넘어갔듯이, 나의 길을 가리라고 마음을 가다듬으며 가을을 맞는다.

(1981)

* 「성경」 마태복음 7장 13~14절.

사랑

20여 년 전 결혼하였다. 여인은 아름다움과 교양을 겸비하였다. 겸손하고 공손하지만 지극히 자존심이 세다. 만사를 포용하지만 사리 분별이 바르다. 여인은 존재 자체가 진선미이다. 그는 아내를 매화라고도 장미라고도 불렀다.

사랑하는 사람에게는 "누구를 제일 사랑하느냐?"고 자주 묻고 확인하는 법이다. "바로 당신."이라는 대답을 고대하며. 그도 달콤한 질문을 해 본 적이 있다. 여인의 대답이 그를 당황스럽게 만들고 말았다.

"당신을 지극히 사랑하지만, 둘째 손가락에 꼽힙니다."

나무꾼이 있었다. 산에 다녀올 때마다 선녀를 만나서 사랑을 속삭였다고 친구들에게 자랑하였다. "그녀는 정말로 아름답고 사랑스럽지요." 하면서, 먼 하늘을 바라보는 그의 눈동자는 마치 꿈을 꾸는 듯하였다. 마치 사랑의 화신 같았다.

그러던 어느 날부터 갑자기 말이 없어져 버렸다. 그의 눈동자는 바다 같은 슬픔에 젖었다. 그리고 시름시름 앓다가는 죽고 말았다.

오, 슬프다! 사랑의 독한 화살의 제물이 되고만 나무꾼이여! 당신은 어느 날 진짜로 선녀를 만났지 않았던가. 그녀를 진실로 사랑하고 연모한 나머지, 사랑하고 흠모한 나머지, 마음에 병이 깊어지지 않았던가. 왜 그녀에게 사랑한다고 고백하지 못하였던가. 사랑이란 삭여 낼 수 없는 독약이로구나.

아내의 쓰디쓴 대답을 듣고서 그는 분한 마음과 시퍼런 질투심이 발동한 나머지 아주 멍청해져서는 바보가 돼 버렸다. 그의 낯이 흑빛으로 변하고 혀가 굳어져 말까지 더듬는 것을 보고서, 그녀는 말하였다.

"사랑하는 당신이시여! 하느님을 제일 사랑하오며, 다음이 존귀한 당신입니다."

여자의 속마음은 알 수 없다는 것은 뻔하다. 아내의 첫째손가락을 포기하였다. 사랑의 독화살은 일단 피하였다고 할 것인가.

(2004)

목련꽃

1. 고뇌

 교정 여기저기 발가벗은 가지에 내려앉은 무수한 백학(白鶴)의 무리. 목련꽃이 피면 가슴은 다시 설렌다. 하얀 턱과 모가지와 곡선의 어깨와 볼록한 젖가슴. 나는 방황한다.
 목련꽃 그늘은 유다르다. 잎이라곤 아직 흔적도 없는 가지에 유백색의 두터운 꽃을 피운다. 젖비린내 밴 갓난아이의 포대기여! 신춘의 태양 구원(久遠)의 여성이여! 그늘이 거룩하다.

　　목련꽃 그늘 아래서 베르테르의 편지를 읽노라
　　구름꽃 피는 언덕에서 피리를 부노라
　　아, 멀리 떠나와 이름 없는 항구에서 배를 타노라

 박목월의 시에 김순애가 곡을 붙인 「사월의 노래」가 들려온다. 사랑하는 사람을 떠나와 구름꽃 피어나는 언덕, 목련꽃 그늘 아래서 피리를 부는 외로운 젊은이. 애수의 피리 소리여, 꽃그늘을 물어뜯어라.

요맘때면 요령도 없이 선머슴아의 첫사랑처럼 혼을 빼앗긴다. 방랑의 자손. 떠나고 싶다, 목련꽃 피면.

2. 축복

광휘를 발한다. 목련꽃과 파란 하늘. 더 이상 황홀할 수 없다. 꽃잎들이 하늘로 날아올랐다. 맑은 향기와 순결을 지존한 하늘을 향하여 증거한다.

식물성 꽃송이의 광휘 앞에서 나는 결핍감과 허망감으로 가슴에 구멍이 뚫렸다. 동물적 만족과 희열이 정지 상태를 맞았다.

푸른 공기와 푸른 물로 태양을 빨아 당겨 흰 꽃을 빚는 생명의 화학반응. 신은 여러 모습으로 세상에 계시리라. 목련꽃 하느님!

아픔으로 가득한 지상에서 목련꽃을 본다는 것은 위로다. 그가 있는 곳에 사랑이 있다는 걸 난 믿는다.

회색의 섬세한 털이 보송보송 빛나는 꽃받침이 있다. 이것을 빼놓고 아름다움을 다 이야기하기 어렵다. 살캉살캉한 가지 끝마다 꽃받침의 옥좌에 백학의 미인이 좌정하신다. 꽃받침은 화룡점정(畵龍點睛)의 눈동자다. 목련꽃에 힘과 아름다움을 견고히 불어넣는다.

지난해 늦가을부터 꽃망울을 달고서 봄의 잔치를 준비하였다. 꽃망울 터뜨리는 조춘의 새벽이 있었다.

3. 잉태

하얀 바다를 그리워한다. 하얀 수레를 굴리고 있는 바다. 지천으로 피어난 목련의 바다. 다 채워질 수 없는 그리움의 바다.

바다는 어린 시절의 그림책처럼 나풀거리고
어린애를 밴 소녀는
목련이 핀 가지 아래서 나비를 쫓는다.

조병화의 시 「목련화」의 부분이다. 목련과 애기 밴 소녀와 나비가 한 컷의 무대에 등장하였다. 어린 시절 나풀거리는 바다. 그리움의 시원(始原). 애기 밴 소녀와 목련과 나비의 율동이 교차하며 오래된 바다와 간극이 형성된다.
풍경은 나를 먼 데로 인도한다. 어머니에게로, 소녀에게로, 태아에게로. 외경감에 젖는다. 나는 먼 것, 오래된 것을 높이 친다.
나비는 목련꽃 그늘에서 알을 깠다. 소녀는 애를 낳고 어머니가 되었다. 목련꽃 그늘에서 소녀는 나비를 쫓는 아이를 보며, 자신의 바다를 알아차렸다.

4. 포대기

부활절 아침, 아파트 주변에서 목련꽃을 보았다. 후덕한 맏며느리처럼 두툼하고 촉촉한 윤기를 머금었다. 문득 둘째의 살 냄새가 밴 포대기가 떠올랐다.

애기 밴 소녀와 둘째아이의 포대기. 아기로 되돌아가 어머니 품에 안기고 싶어졌다. 꽃잎을 덮고 잠들고 싶어졌다.

둘째의 포대기는 양 폭이 1미터쯤 되고 흰 바탕에 파르스름한 작은 점들이 박힌 것이었다. 둘째는 그 위에서 놀며 자랐다. 배어 있는 젖 냄새. 포근한 온기와 행복. 자기 살 냄새와 엄마 젖 냄새가 뒤섞인 자궁. 똥냄새도, 눈물과 콧물도, 자장가도 배어 있는 것. 이것을 깔고 자리를 만들어 눕혀야 잠이 들었다.

1986년 7월 미국 방문 때, 아내는 포대기의 겉감을 접어서 가방에 넣었다. 이것까지 챙기느냐고 난 핀잔을 주었다. 도착 첫날밤, 둘째는 잠 대신 칭얼대기만 하였다. 우린 긴 여행 끝에 피로와 시차로 지쳐 있었다. 아내는 포대기의 겉감을 찾아 이부자리를 만들었다. 아이는 한쪽 끝을 입에 물고 잠이 들었다.

사랑을 받는 넉넉한 꽃. 사랑을 주는 넉넉한 꽃. 둘째가 사랑하고 애착을 가졌던 꽃잎. 둘째가 사랑하고 애착을 가졌던 포대기. 누구나 태 자리와 포대기를 가졌다.

"둘째 포대기 어데 있지요?" 나는 아내에게 물었다.

"깊숙한 곳에 넣어 두었어요."

그렇다. 우리는 아름다운 것들을 가슴속 깊이 담아 두거나 별이나 꽃나무에 매달아 놓고 가슴의 창으로 들여다보고 영혼의 징소리로 듣는다.

(1994)

이건 하느님 뜻인데

정조대왕은 비참하게 최후를 마친 부친을 사모했다. 사모의 정은 마침내 화성의 축성으로 압축되었다. 화성의 사령탑은 팔달산 정상에 위치한 서장대이다.

3학년 경이와 유치원생 금이의 손을 잡고 꽃과 나무를 보며 계단을 세며 성곽을 따라 서장대로 오르고 있었다. 내려다보니, 빽빽하게 엎드린 도시는 아기자기하다. 군데군데 운동장이 보석처럼 빛났다. 얼마나 올라갔을까. 두 아이는 '다리가 아프다. 올라가기 싫다. 꼭대기에 가 봐야 별 것 없다.'면서 곧 포기하고 내려갈 듯이 투정을 부렸다.

"서장대까지 가기로, 약속했지? 거기 가면 너의 학교와 유치원이 보인다." "조금만 더 가면 돼. 다 왔어." 어르고 달랬다. 느닷없이 금이가 내 손을 잡아끌며 힘 있게 말하였다.

"이건 하느님 뜻인데, 무슨 일을 하기로 마음먹었으면 용기 있게 끝까지 하래."

'무슨 일을 하기로 마음먹는' 것은 가치 있는 계획을 세운다, 지향한다, 원대한 포부를 갖는다는 뜻이다. 젊은이의 가슴은 꿈과 이상으로 가득하다. 의사의 처방이 환자에게 결정적이듯이 젊은이의 포부는 미래를 결정짓는다. 원대한 이상은 생명수와 같은 신비한 힘이 있어서, 혼탁한 세상에서 초라함을 느낄 때나, 좌절을 경험하고 허무의 유혹에 빠졌을 때에도, 몇 번이고 삶을 사랑하도록 용기와 소망을 풀무질한다.

'무슨 일'이란 순간순간 결정하는 일상의 작은 일에서부터 근하신년과 함께 세워 보는 일 년 계획, 십 년 계획, 또는 필생의 계획의 내용이다. 나는 '무슨 일'로 서장대를 오르며, 어찌 정조와 같은 심사에 젖으려 하는가.

수원 화성의 축성은 당파정치 근절과 왕도정치의 실현이라는 정조의 정치적 포부의 핵심이었다. 한양 방위 요새 구축의 명분도 컸다. 세자에 책봉되었으나 당쟁에 휘말려 왕위에 오르지 못하고 뒤주 속에서 생을 마감한 아버지를 향한 사부곡의 결정체였다.

'무슨 일'은 마음먹기만으로는 성취되지 않는다. "용기 있게 끝까지 하래." 하고 유치원생 꼬마가 가르쳐 주고 있다. 세상만사에는 용기와 인내 그리고 노력이 필요하다. "호랑이를 잡으려면 호랑이굴에 들어가라."는 속담은 용기를 강조하고 있다. 개국신화에서 곰이 참아낸 100일의 인고의 시간은 짧아 보인다. 100년을 인내한 곰이었더라면 역사는 달라졌을 것이다. 모름지기 대기만성(大器晚成)이다. 큰 포부에는 상응하는 인내와 노력이 요구된다.

하느님의 복음을 전파하겠다는 대명제를 필생의 과업으로 삼은 사도 바울은, 에베소인들에게 "우리가 대항하여 싸워야 할 원수들은 인간이 아니라 권세와 세력의 악신들과 암흑세계의 지배자들과 하늘의 악령들입니다. 그러므로 지금 하느님의 무기로 완전무장하십시오.

……. 그러므로 굳건히 서서 진리로 허리를 동이고 정의로 가슴에 무장을 하고 발에는 평화의 복음을 갖추어 신고 손에는 언제나 믿음의 방패를 잡고 있어야 합니다."라고 권면하였다.

역사의 성곽을 오르고 있는 나는 어떤 포부와 이상을 품고 있는가? 진리와 정의와 평화와 믿음으로 완전무장하고 있는가?

진정 성취할 가치가 있는 것이라면, 바울이 권면한 대로, 영육 간에 완전무장하고 모든 힘을 경주하여야 할 것이다. 이것이 신의 뜻이 아니겠는가.

'이것은 하느님 뜻인데'는 축복이다. 허약한 의지와 바람 앞의 촛불같이 심약한 신념 위에, 확신에 확신을 더하는 권위에 찬 말이다. "어명이오!" 한마디면 모든 것이 끝장을 보던 옛날. "하느님의 뜻이오." 한마디로 확신과 능력을 얻는 오늘. 어명으로 쌓은 화성 성곽을 조카들과 함께 오르며 상념의 꽃을 피운다.

"이건 하느님의 뜻인데, 무슨 일을 하기로 마음먹었으면 용기 있게 끝까지 하래."

여섯 마리의 원숭이가 서로 꼬리를 잡고 빙글빙글 돌던 모습으로 나타났던 케쿨레(Kekulè) 꿈처럼, 꼬리를 무는 나의 상념도 어느 날 단순하고 명확한 화학식으로 화신되어 나타나지 않을까.

(1980)

빛과 어둠 사이로

1

　삼일절 기념일, 두 아들과 함께 세인봉 삼거리를 지나 중머리재를 향하여 걷는다. 두 아들은 내일부터 중2와 국민학교 5학년이 된다. 지대가 높아서 노을빛이 걷는 데 도움 된다. 아직도 더운 기운을 품고 있는 붉은 하늘. 어둠과 빛이 어우러진다. 건조하던 세계가 윤택해지고 있다. 거대한 안식과 여유를 예감한다.
　빛이 닿는 것이면 인식할 수 있다거나, 빛의 세계는 아름답다거나, 빛은 따뜻하다거나 또는 정의롭다거나, 빛 가운데는 안전하다거나 하는 등의 안일한 환상이 있다. 이 산행으로 안일한 환상을 깨뜨리고 가능성을 탐구하려다.
　낮에 이곳에 올라섰다면 서남쪽으로 멀리 월출산의 기세를 보았을 것이나, 이미 어둠에 잠겨 있다. 어둠은 안식이요 휴식이요 재생의 공간이요 놀람과 싱싱함이요 은밀한 유희다. 가장 아름다운 때는 어둠과 밝음의 사이쯤이다. 여명에 뿜어내는 산의 기운과 빛깔을 어떻게 형용할 수 있을까. 황혼녘이면 빛을 빨아 당기는 산의 무거움. 빛을 내뿜고 거두는 일을 감당하는 산. 지금 밟히는 흙과 나무는 빛을 보듬는다. 새벽이면 가슴에서 정제된 찬란한 새 빛을 내놓을 것이다. 지금은 어둡고 두려워해야 할 때다.

멀리 시내의 불빛이 아름답다. 황홀한 광휘다. 거대한 보석상자다. 무수한 보석들이 자기의 아름다움을 최고로 빛낸다. 장관은 아무래도 혼자 즐기기 아까운 법. 두 아들과 함께 탄성을 지른다. 진주, 아름다움, 다이아몬드, 지고지선, 루비, 지상의 별, 사파이어, 빛의 바다!

바다를 보았겠지 끝없는 물결.

물방울에 빛이 있다면 밤의 바다는 살아 있는 별자리.
굉장한 빛덩이겠지.

끝없이 펼쳐진 눈부신 소용돌이
굽이굽이 빛결 위로 부서지는 불꽃.*

시인은 '밤 북악에서' 내려다본 휘황찬란한 서울 장안을 빛의 바다라고 하였다. 빛고을 광주(光州)는 눈부신 빛마을 빛마을들. 툭툭 튀는 빛방울, 은빛결, 금빛결들.
백산이 우리 집이 어디쯤인지 묻는다. "저기 깜깜한 곳 바로 앞. 특별히 아름다운 별! 두 왕자님을 기다리시는 여왕님이 계시는 곳!"
자동차의 행렬, 바쁘게 보도를 걷는 사람들, 술집, 방금 다친 사람, 병원, 죽어 가는 사람, 방금 태어난 아이, 텔레비전을 보는 사람들, 식탁에 둘러앉은 가족들, 공부하는 학생, 재수생의 비장한 결심, 운동장을 달리는 사람들, 공장에서 야근하는 사람들, 빛에 가려서 안 보이는 수많은 건물들. 어둠 속에서도 여전히 살아가는 거야. 어둠 가운데로 걷고 있는 우리처럼. 우리가 두 발 딛고 살고 있는 지구별의 진면목이란다. 출생과 생활, 고통과 행복, 노력과 욕망, 유희와 긴장, 충돌과 화해, 때론 전쟁까지, 그리고 죽음에 이를 때까지. 그게 인생의 별이란다.

나는 밤에 보는 나무를 좋아한다. 새로운 느낌으로 나무는 다가온다. 일부가 눈에 안 보이기 때문이다. 흑백으로 흔적처럼 나타나기 때문이다. 다 보아서 좋은 것이 있느냐 하면, 다 보이지 않아서 좋은 것이 있다. 네가 보고 싶은 것에 따라 네 앞에 펼쳐지는 세계는 변한다. 어둠 가운데서 나무와 바람 소리와 발걸음 소리를 전혀 새롭게 느끼듯이. 대낮에 조망할 때와 전혀 다른 시내를 경험하듯이. 우리가 찾고자 원하였던 것이다.

도시의 빛은 모든 것을 숨기고 있다. 빛이 흑암을 더욱 각인시킨다. 빛은 사물을 숨기고 있다. 빛나는 것이 오히려 어둠이라는 것 이외에는 아무것도 분별할 수 없다. 흑암과 광명, 어둠과 빛의 대비 이외에는 아무것도 없다.

나는 낮달을 볼 때 처량해지고 말았다. 홀랑 벗어 버린 처녀처럼 달에 관한 환상이 금이 갔다. 보이지 않는 것을 꿈꾸는 것이 환상인가. 표백되어 다가오던 낮달. 달이 아닌 어떤 것이다. 흰 구름의 유영과 달의 궤적이 대비되었다. 창백하게 묶여 있어야만 하는가. 내가 꿈꾸는 여성이 아니었다.
 어둠 속에서 사상을 볼 수 있을 것 같은 자신감이 생긴다. 어둠 속에서 세계는 아름답다. 어두운 만큼 한사코 아름답고 영원한 것들이 있을 것이었다.

 2

 아이들이 무서워하는 눈치다. 플래시를 켰다. 알다시피 혼자서 야간산행을 다녔던 코스다. 길 잃어버릴 염려 없다. 플래시 없이도 다닐 수 있는 익숙한 길이다.
 중머리재. 시내에서 불어 올리는 바람이 차갑다. 백산이 어렸을 때 이곳에 소풍 온 적이 있다. 철조망이 쳐 있었다. 백산의 왼쪽 눈 옆에 나 있는 희미한 흉터 자국. 말을 안 듣고 조심성 없이 달려 내려가다 그만 철조망 가시에 찔려서 창상이 생겼던 것이다. 부모에게 순종하라는 몸에 새긴 잠언이 되었으니, 이마저도 이로운 일이 되었다.
 토끼등으로 걷는다. 시내 불빛이 도움이 된다. 빈자의 일등이라거나 십시일반이라는 말이 있지만, 작은 불빛들이 먼 곳까지 비쳐 주니 놀랍고 고맙다.
 가까운 불빛은 고요한데, 먼 불빛은 아롱거린다. 존재한다는 것은, 빛으로건 생명으로건, 버거운 것이다. 세계 속에 함께 모여 있는 때문이다. 거리와 힘과 질량에 따라 존재의 몫이 달라진다.
 어둠은 완전한 세계였다. 태초 우주는 흑암이었다. 나중 빛이 생기고, 어둠과 빛이 구별되었다. 세계는 어둠과 빛의 맞물림을 보았다. 맞물림은 태극의 하모니다. 빛이 밀려오면 흑암은 물러가고, 흑암이 다가오면 밝음이 양보한다. 밤은 새벽에게 인수인계하고 낮은 어스름에게 물려준다. 어둠과 빛이 몸을 맞대고 사랑한다.

군대에서, 밤과 낮을 완전히 뒤집어 생활하는 야간적응훈련을 하였다. 저녁 6시 기상, 7시 아침식사, 8시 일과개시, 자정 점심, 새벽 7시 저녁식사, 아침 9시 취침.

적응훈련은 값졌다. 새벽은 신비하였다. 새벽이 연출하는 자연의 오묘하고 신출귀몰한 변화란 얼마나 경이롭던가. 산 중턱에 운해가 그득히 고인 그때, 네가 새벽 별에 한눈파는 순간 안개는 자취를 감추고 보이지 않았을 것이다. 네가 그때 걷고 있었다면, 어느 한순간 발끝이 이슬에 젖기 시작하였을 것이다. 눈썹에 새끼 이슬방울이 달렸을 것이다. 그때 너의 별은 갑자기 네게서 낯을 가렸을 것이다. 네가 외딴 곳에서 고독에 젖어 있었다면, 새벽바람이 어떻게 나무를 달래고 위무하는지 냄새 맡았을 것이다. 네가 그때 참호 속에서 경계를 서고 있었다면, 밤이 어떻게 새벽에게 인수인계를 하는지를 보았을 것이다.

저녁에게 세계를 인수인계하는 낮. 낮과 밤이, 어둠과 밝음이 한통속인 것이 분명하다. 어둠이 밝음이요 밝음이 어둠이었다.

어둠의 세계와 빛의 세계. 나를 불러일으키는 신비한 꽃이었다. 김춘수의 말대로 하나의 눈짓이었다. 어둠과 빛의 가장자리에서 이방인처럼 헤매던 시절, 번뇌와 감성과 좌절에 휩쓸리던 시절, 나는 차라리 어둠이거나 빛이기를 간절히 바랐다. 어둠의 자식이거나 빛의 자식이기를 소원하였다. 한 그루 나무이기를 얼마나 애원했던가. 빛 자체일 수는 없었는가. 빛의 그늘을 초극할 수는 없었는가. 나무가 되고 싶었다. 나무는 빛과 어둠이 낳았으나, 이를 초극한 생명이었다. 도시의 빛이 벌거벗은 나무 사이를 지나서 내게로 날아온다. 이제 나무는 빛과 관계가 없다. 초월이다. 어둠과도 관계없이 자유롭다.

3

백운샘에서 목을 축인다. 샘물은 멈춤이 없다. 사과를 깎는 손이 시리다. 귓불이 얼어 터지는 느낌이다. 샘 곁에 바가지가 대여섯 개 엎어져 있음이여. 인정이여. 따스하다.

비행기가 여러 대 날아갔다. 생텍쥐페리의 소설 『야간비행』. 어둠에 잠긴 대지 위를 날아갈 때 깜박이던 지상의 별들. 그리운 사람들의 대지의 별들. 따뜻한 별들! 그는 『인간의 대지』를 '야간비행' 중에 꿈꾸었던가. 시내의 불빛은 여전히 화려함과 너그러움과 충만함으로 넘친다. 지상의 별들, 아름다운 보석들.

아이들과 함께 북두칠성과 북극성을 찾았다. 눈에 잘 띄는 삼태성, 아이들이 벌써 알고 있다. 두산이가 쌍안경을 꺼냈다. 삼태성 부근에 박힌 별들을 상세히 그려 낼 것 같다.

알면 알수록 매력을 느끼게 되는 것이 있는가 하면, 알면 알수록 넌더리를 내는 일이 있다. 별을 안다는 것은 아름다운 일이다. 별을 안다? 짝사랑일 게다.

별을 올려다보는 일은 얼마나 좋았던가. 어려서, 시골에서, 밤이면 밤마다, 마당에서, 뜰방에서, 사립 밖에서, 하굣길에서, 솔티재를 걸어 넘으면서, 고개 마루에서, 이슬에 발을 적시고 서서, 시냇물 가에서. 별은 둠벙 속에 담겨 있기도 했다. 다 알 수 없는 것이 짝사랑이 아닌가. 영원한 동경으로 남아서 나를 채근하는 별이여.

아이들은 무섬을 탄다. 좌우에서 손을 하나씩 붙잡고 걷는다. 장애물이 있으면 손을 놓았다가는 잽싸게 다시 팔을 붙잡는다. 뒤를 돌아보면서 깜깜하다고 얼버무린다. 나는 어려서 아버지와 밤길을 걸어 본 기억이 많다. 무서워도 티를 내지 않았다. 무서움을 타지 않는 아버지가 존경스럽고 든든하였다. 초저녁에 책가방을 들고 솔티재를 걸어서 넘을 때, 두려움은 가슴을 조여 오고 내 뒤를 밟아 쫓아오는 귀신의 발걸음 소리에 숨이 막혔다. 내가 멈춰 서면 그놈도 멈춰 서고, 내가 달리면 그놈도 그만큼 쫓아왔다. 뒤돌아보면 어둠 속으로 숨어버리는 귀신을 알기나 하니? 나를 좋아했던 귀신을 알기나 하니?

소나무 숲 속을 지날 때 잠시 멈춰 서서 가지 위로 펼쳐진 하늘을 올려다보았다. 바람 소리를 들어보라고. 숲 속에 살고 있는 우리를 생각해 보자고. 어둠 속에 어둠으로 서서.

토끼등. 바람재에서 불어오는 차가운 바람. 너덜겅 약수터의 물소리가 시원하다. 지난번 눈이 태산같이 내린 탓에 물이 많다. 물통에 물을 받았다.

이제 우리의 별로 내려가자. 두레박을 타고 금강산 선녀탕으로 내려오는 선녀처럼, 불빛의 파노라마를 가슴에 담고 우리의 별로 내려가자. 토끼등은 소나무로 덮여 있다. 등산로에 통나무를 깔아 단정하게 계단을 만들어 놓았다.

무덤들이 플래시를 걷어 내면 곧 어둠에 묻힌다. 영원한 잠에 빠져든다. 나는 그 곁에 너무 가까이 있다. 아이들은 지치지 않고 또 피곤한 줄도 모른다. 무덤을 봐라. 즐거움은 없다. 평화는 있을지언정 두려움도 없다. 무덤과 죽음을 두려워하는 것은 자연스럽다.

두 아들과 함께 빛과 어둠 사이로 기꺼이 걸었던 3시간의 무등산 산행이었다.

(1994)

* 김종삼의 시 「밤 북악에서」 부분.

수능, 그 통과의례

아들이 수험을 치르는 날 새벽, 고사장에 당도하였다. 살을 에는 입시 추위 칼바람이 불었지만, 문제가 되지 않았다.

광주고 정문 앞은 이미 학생들이 점령하였다. 살레시오고, 고려고, 조대부고, 숭일고 학생들이 무리지어 응원가를 부른다, 징을 친다, 함성을 지른다, 한바탕 축제 무대를 차렸다. 두 팔을 들어 함성을 지르는 것이 적진을 소탕한 전사들마냥 사기충천이다. 이들은 오늘의 전사들이 아니고 예비전사들이다.

예비전사들은 점령군처럼 흥분과 감격에 떨고 있다. 전선과 멀리 떨어진 후방이지만, 승리와 최강만이 그들의 몫이다. 최전선을 향하여 빨려 들어가는 수줍은 선배 전사들의 공덕에 전적으로 힘입은 것이다.

예비전사들은 출전하는 선배들보다 준비성이 있다. 이 불순한 새벽을 얼마나 기다렸던가.

"들어라. 각 조 새벽 4시 출동한다! 임무는 다음과 같다. 제1조, 정문의 우측 공간을 점령할 것. 제2조, 보리차와 커피 등 실탄을 확보할 것. 제3조, 심리전단 프랑을 정문 우측 후면과 건너편에 내걸 것. 제4조, 빗자루와 징과 꽹과리 등 공용화기를 준비하여 엄호할 것."

이에 따라 예비전사들은 새벽부터 임무를 수행하고 있다! 이들의 심리전단 프랑을 보라. 한쪽은 전적인 자긍의 노래이며, 다른 쪽은 영웅 전사들의 찬양가다.

'살레시오, 그대의 자랑이듯이
그대, 살레시오의 자랑이어라.'

'살레시오의 아들들이여
어둠을 사르는 세상의 불꽃이여.'

눈을 돌려 정문을 통과하는 전사들을 주목하자. 후끈 달아오른 후배들과 비교하면 오늘은 어쩐지 풋내기 같다. 여기 개선장군으로 당도하였건만, 실상은 승리하고 돌아온 장수가 아니다. 전공을 세우기 위하여 전쟁터로 출병하는 장수에 지나지 않는다. 그런 탓인지 후배들의 인간터널을 지날 때, 무운승전을 비는 파이팅이 폭죽처럼 터져 나올 때, 처음에는 놀라고 어리둥절한 표정이 역력하다. 하지만 그들이 평소 자신에게 충성을 맹세한 예비전사들임을 확인하고 이내 사기를 회복한다. 두 명의 병정이 빗자루를 들고 사열하는 장군의 앞길을 좌우로 잽싸게 쓸어 낸다. 그러자 전사는 정말 개선장군이나 된 냥 저절로 턱이 치켜 올려지고 어깨를 좌악 편 채 두려움을 떨쳐 버리고 망설임 없이 앞으로 돌진 진격한다.

들어라. 비상 사이렌 소리가 난다. 정문의 인간터널을 헤치고 비상등을 반짝이며 경찰차가 들어온다. 차 안에는 한 전사가 버티고 앉아 있다. 입실 시간 마감까지는 여유가 있지만, 기어코 고사장 입구까지 수고를 아끼지 않고 대오를 흩트리며 비상수송하는 경찰의 노고에 경의를!

잠시 주위를 살펴보노라니, 고사실을 향해 합장기도를 올리는 어머니가 있다. 아들에게 우황청심환을 건네주는 아버지가 있다. 커피잔을 건네는 많은 손길이 보인다. 한사코 합격 엿 한 봉지를 손에 들려주며 동생의 옷매무새를 잡아 주는, 엊그제 이 통과의례를 치렀을 누나의 손길이 다감하다.

"떨지 마. 너는 경험이 있지 않니."

다시 어지러운 대오 가운데서 정문을 통과한 가엾은 풋내기 장수의 동태를 지켜보자. 안쪽으로 한 발짝 내딛을 때, 그의 가장 사랑하는 부관들과 마주쳤다. 부관들은 전선의 심각성에 압도당한 나머지 이렇게 외쳤다.

"형, 떨지 마!"

"잘 찍어, 형!"

이 절규로 장수는 한순간 냉혹한 현실의 얼어붙은 나락으로 내몰리고 말았다. 종일 치러야 하는 각개전투의 엄혹함까지 덮쳐 와 등골이 오싹해지면서 발걸음조차 비틀거린다. 그러나, 그는 역시 장수답다. 씨익, 미소와 함께 사랑하는 부관들의 등을 다독이며, "짜아식, 염려 마. 이기고 돌아올게." 하는 것이다.

이렇게 하여, 나의 사랑스런 장군은 모든 통과의례를 마치고 불꽃 튀는 싸늘한 전선으로 총총 진군하였다. 나는 사지를 벌벌 떨며 중얼거렸다.

"부디 행운 있으라! 어둠을 사르는 불꽃이여!"

(1998)

비우기

　아이들이 성장하여 타관으로 떠나고 보니, 단 둘이 지내게 되었다. 가라앉고 고요해졌다. 그림자 둘이 모였다가 스쳤다가 흩어지는 것 같았다.
　그럭저럭 지내는 사이, 아이들이 쓰던 방은 창고가 되고 말았다. 정리해야지, 정리해야지 하면서, 자꾸 쌓아만 두었던 것이다. 벽에 기대어 쌓인 책이 방을 압도한다. 피아노 위에도 쌓일 만큼 쌓였다. 다른 방은 처음부터 허드레 창고처럼 써 왔다. 베란다는 화분으로 만원이다. 더 여유로워야 할 터인데 상황은 반대로 치달았다.
　이렇다 보니, 들어서면 정신이 사나워질 정도였다. 세간이란 놈들이 떵떵거리며 자리를 차지한 채 행세하는 꼴이 거슬렸다. 주객전도라는 말이 허사가 아니었다. 방 두 개를 손에게 빼앗기고 주인은 방 하나를 차지한 채 그림자처럼 겨우 있다 없다 지내는 꼴이 되고 말았던 것이다.
　게다가, 제대로 정리를 못하고 보니 자연히 친구나 손님은 물론 부모 형제까지도 집 안으로 모시기 어려워졌다. 살림살이가 불편한 장애물로 전락하였다.

불현듯 버려야겠다는 의식이 불타올랐다. 적개심까지 가세하며, 주권회복의 염원이 간절해졌다. 버리는 것이야말로 지극히 숭고한 것이며, 비움이 곧 충만의 과정이라는 철학을 읊조리게 되었다. 버리고 비우면, 사나워진 정신이 잔잔해지고 평안을 찾을 것이었다.

비워내겠다고 결심하였다. 빈 그릇이 되어야 한다. 채워진 그릇으로는 더 받아 담을 수 없다. 크기는 이미 정해졌으니, 비워서 그릇을 키울 수밖에는 다른 길이 없다. 비워야 커지고, 버려야 얻는다.

우선 책을 정리하기로 하였다. 대학 시절 교재를 비롯하여 해묵은 잡지들까지 들춰내어 수북이 쌓아 놓고 버릴 것을 고르기 시작하였다.

> 사람에게서 나온 것은
> 하찮은 것 하나 안 사라지고
> 꽃으로 별로 노래로 남는다는 말 있다*

그런데, 이게 어찌된 일인가. 곁에 두고 다시 보고 싶은 사랑의 마음이 고개를 들고, 쓸 만한 것을 내팽개치자니 송구스러운 마음이 들었다. 뿐만 아니라 "안 사라지고 꽃으로 별로 노래로 남"아서 나중 가보가 될 성싶어 보였다. 결국 대부분을 제자리에 돌려 두게 되었다.

허리를 펴고, 허허 헛웃음을 쳤다. 내가 무엇에 끌려 놀아나고 있구나! 주권행사 제대로 하기 어렵구나!

버리고 비우는 일이 쉬운 일이 아니었다. 내겐 여전히 어렵다. 아직도 쌓아 두는 것이 아편처럼 편하다. 비워야 커지고, 버려야 얻는다는 철학은 내겐 쓸모없다.

(2005)

* 고재종의 시 「고절」에서.

눈

 느닷없이 눈앞이 어두침침하여졌으니, 몹시 당황하였고 낭패감에 젖었다. 의사는 나이를 먹어 가면서 생기는 자연스런 징후라고 담담히 일러 주었다.
 눈은 밖으로 열려 있다. 우주와 별과 삼라만상과 자그만 미생물까지, 눈 밖에 있는 것이면, 볼 수 있다. 피고 지는 아름다운 꽃과 흐르는 흰 구름. 사랑스러운 아이들의 눈동자. 길거리에 나앉아 구걸하는 앉은뱅이의 초췌한 모습과 영웅의 당당한 행진.
 눈은 밖으로만 열려 있다. 바깥세상은 볼 수 있지만 자기 자신은 볼 수 없다. 자신이 어떻게 생겼는지조차 내다볼 수가 없다. 다른 사람들의 생김새를 보면서 나도 얼추 그렇게 생겼거니 하고 짐작할 따름이다. 거울을 놓고 들여다보면 자신이 잘 비치지만 이것조차 외부 물체에 투영된 것을 보는 것이다. 자신의 외모도 결국 밖을 통해서만 보는 것이다. '남의 눈에 든 티는 보면서 자신의 눈에 박힌 들보는 보지 못한다.'는 속담은 새겨들을 만하다.
 우리는 혀를 느끼지 못하며 귀도 느끼지 못한다. 자신의 눈을 못

볼 뿐만 아니라 느끼지도 못한다. 불편할 때 겨우 느낀다. 그만큼 불완전하다. 인간은 조물주의 이미지를 닮은 그만큼 아름답고 완벽하다. 한편 이미지에 지나지 않은 만큼 불완전하다. 그 지체인들 어찌 완전하겠는가.

　나이가 들어 눈의 기능이 쇠퇴하면 난시나 노안이 되어 사물을 제대로 보기 어렵게 된다. 사물이 흐릿하게 보인다.

　눈앞이 침침하게 되었을 때 몹시 당황하였다. 매우 놀라고 낙담하고 슬퍼하였다. 그러나 이제 슬퍼하지 않으련다. 하나가 나빠지면 하나는 좋아지는 법이 있지 않는가. 육신의 눈이 어두워지면서 새 눈을 기대하게 되었다. 영혼의 눈 말이다. 이 눈은 곧 마음의 눈이다.

　영혼의 눈은 자리를 차지하거나 색깔을 띠거나 냄새를 피우지 않으며 밖으로 드러나지도 않는다. 눈동자는 족히 100그램은 나갈 것이지만, 마음의 눈은 무게가 없다. 그러나 무거울 때는 납덩이처럼 무거울 수 있다. 이것은 물체의 대소와 형태와 농담과 질감을 분별하지 않는다. 어둠과 밝음과 그늘과 양광을 구별하지도 않는다. 육신의 겉눈처럼 명암에 따라 조리개를 움직이지도 않는다. 여름밤 반딧불이의 차가운 불빛의 유영을 좇는 호기심의 눈이 아니다. 스커트 밑으로 쭉 빠져나온 늘씬한 다리를 핥는 욕망의 눈도 아니다.

　영혼의 눈은 내면세계를 속속들이 들여다보는 명경(明鏡)이다. 정욕, 물욕, 권력욕, 분노이거나 나태 따위의 얼룩과 그늘을 보고 살핀다. 밖으로는 절대자와 교제하는 문이다. 때론 고독에 잠기는 바위가 되며, 때론 영혼의 초병이 되기도 한다. 딱딱하지 아니하고 너그럽고 융통성이 있다. 일기를 들추다가 '노예근성을 버려라!'고 일침을 적어 놓은 것을 보았다. 마음의 눈으로 살핀 다음에 던지는 충고일 것이다. 마음의 눈은 이처럼 깨달아 결심하게 한다. 나이가 들수록 맑고 밝고 지혜로워지는 것은 이 눈의 혜택이리라.

마음의 눈은 속눈이며 육신의 눈은 겉눈이다. 겉눈이 볼 수 없는 영적 세계를 향해 속눈이 열려 있다. 절대자와의 교감과 우주적 정신의 체험은 속눈을 통하여 이루어진다. 속눈을 명경지수(明鏡止水)처럼 맑고 투명하게 가지면 높고 거룩한 영적 세계의 영상과 음악이 비치고 들릴 것이다. 나는 이것을 고대한다.

이제 두 눈을 가졌으니 좋은 일이다. 나이가 들어 겉눈이 어두워지면 속눈이 밝아져 오는 일도 좋은 일이겠다. 속눈으로 겉눈이 보는 것까지 다 볼 수 있다면, 좋은 일이다. 속눈과 협력하여 바깥 대상을 바르게 인지하게 되었으니, 이것도 좋은 일이다. 둘 사이 조화와 평화가 필요하다.

겉눈은 이미 어두워지기 시작하였다. 겉눈이 어두워지는 것도 자연이며 속눈이 밝아지는 것도 자연이다. 속눈에 기대를 걸어 보자. 내 속에서 한 아름다움이 조물주의 이미지만큼이라도 완성되었으면 좋겠다.

(1994)

하늘눈

흰자위가 붉어지고 눈알이 건조하고 쓰려서 병원을 찾았다. 군날개, 익상편, 또는 백태라는 안질이라고 한다.

"눈이 촉촉이 젖은 사람을 보면 끌려요. 보살펴 주고 지켜 주고 싶은 마음이 생겨요." 이렇게 말하던 여자의 젖은 눈동자가 생각난다.

갓난아기의 눈은 촉촉이 젖은 눈이다. 아기는 순진무구한 인력이며 씨눈이다. 여느 아기처럼 나도 젖은 눈을 가지고 태어났지만, 눈 깜짝할 사이 반세기의 세월이 흐르고 안구 건조와 피로에 시달리고 있다.

시대를 내다보고 사물을 바로 보았어야 할 눈이었다. 없으면서도 있는 체, 있으면서도 없는 체, 잘난 체, 못난 체, 겉눈치레에 에너지를 바쳐 왔다. 눈동자에 비치는 사상의 눈요기에 얼마나 정신을 몰두하였던가. 뜬눈으로 눈물의 밤을 새우며 지친 날들은 또 얼마였던가.

시원찮은 눈썰미 탓에, 이것저것 눈짐작으로 챙기고, 눈대중으로 대충 알아맞히고, 눈어림으로 닦아세우면서, 심봉사같이 아슬아슬 더듬어 왔다.

한눈팔지는 않았다. 눈을 들어 일단 목표를 정하면 눈을 떼지 않았다. 눈부신 업적을 남겨 보겠다고 맹목의 야망을 불태웠던 때가 엊그제다. 무식하면 용감하다는 말처럼 먼눈 까막눈인 탓에 멋모르고 덤볐던 것 같다. 그러나 '눈 감고 아웅' 하는 눈가림은 멀리하고자 하였다.

  天網恢恢 하늘의 그물눈은 엉성하고 성기지만
  疎而不漏* 물 한 방울도 그저 새는 법이 없다

첫눈에 차서 결혼한 것은 참 잘한 일이라고 생각한다. 여자의 부드럽고 따스한 눈길이 마음을 사로잡았다. 그 눈에는 눈총이나 눈독이 없었다. 고운 눈맵시와 단정한 시선은 경건하고 사랑스러웠다.

눈에 띄지 않는 사이, 촉촉하던 눈에 충혈이 지고, 반세기의 눈은 피로에 지치고, 시력은 차츰 힘을 잃어 간다. 돋보기 없이는 독서와 작문이 어렵다. 불편하고 짜증스런 경우가 한두 번으로 그치지 않는다. 어려움이 많다. 이제 눈 밝은 사람에게 신세를 져야 한다. 당연하다고 믿어 보지만 편치 않다.

수술을 하는 대신 새로운 눈을 눈치껏 발견할 기회로 삼을 생각이다. 때는 늦가을 지나 눈발 휘날리는 겨울의 초입에 다다르고 있는 마당에 새 눈, 하늘눈을 가져야겠다. 하늘눈으로 보며 살아야겠다는 눈치는 유리알처럼 밝던 맨눈이 어두워지고 나서야 주어지는 때늦은 선물인가.

주사위는 던져졌다. 주사위의 눈금을 바로 헤아려 볼 수 있는 마음의 하늘눈을 선물로 갖고 싶어지는 것이다. 도깨비 방망이처럼 선물이 뚝 떨어졌으면 좋겠다.

    병원에서 거리로 나서니, 찬바람에 눈물이 주르르 흘러내린다. "눈이 촉촉이 젖은 사람을 보면 끌려요." 하던 여자의 눈동자가 겹쳐진다.

(2006)

* 노자의 『도덕경』 73장.

땅이 사람을 냈으니

 이사를 하기로 하였다. 시골에서 태어나고 자라면서, 평생을 한 집에서 자식들 낳아 키우고 결혼시키고 흙으로 돌아가는 것을 예사로 봐 왔으니, 으레 한번 집을 정하면 거기서 일생을 마치는 것이거니 해 온 터였다. 아파트 투기 붐이 세상을 휩쓰는 풍조에도 끄덕하지 않았다. 게다가 지금까지 살아온 아파트는 살림이 불어난 탓에 조금 비좁은 것을 제외하고는 불편한 것이 없었다. 자녀들을 이곳에서 다 양육하였다. 전남대학교와 가깝고 또 교정을 정원처럼 산책할 수 있어서 금상첨화라고 여겼다.
 그렇건만, 아내는 진보가 너무 없지 않느냐, 자식들 결혼도 시켜야 하는 마당에 비좁지 않느냐, 20여 년을 한곳에서 살았으니 뉘가 날 만도 하지 않느냐고 보채고 다그쳐왔다.
 그런데, 그렇게 해서, 새로 정한 곳이 바로 이웃 동이렷다! 뉘가 날 만도 하건만, 바로 옆 동이라니! 도대체 당신과 나는 어떤 취향인가. 이사를 하면, 강아지는 사람을 따라 새집으로 오지만, 고양이는 터를 고집하여 따라오지 않는다고 한다. 그렇다면, 우린 고양이란 말인가.

　오래전 가거도(可居島)에서 며칠 지낸 적이 있다. 거친 파도 속에 더러는 가족들이 보는 앞에서 난파당하여 생이별을 하기도 한다는 가거도. 이렇게 험난한 환경인데도 불구하고, 왜 그들은 떠나지 않고 정주하는 걸까?

　우듬지에 걸린 까치집처럼 깎아지른 절벽 위에 위태롭게 엎드린 항리(項里)의 집들. 오히려 절벽 위에다 집을 짓고 삼백예순 날 두려운 망망 바다를 바라보는 사람들. 돌담으로 바람막이 한 손바닥 크기의 남새밭. 나무토막을 가로지르고 그물로 덮은 남새밭. 그 속에서 키 작은 고추가 해풍과 숨바꼭질하고 있었으니, 생존의 놀라움이란!

　그들을 모험심이 없다고 말 못하리라. 거친 파도와 싸우며 어획하는 것을 보면, 겨울 다섯 달 동안 파시를 이루어 내는 것을 보면, 더욱이 자녀들을 목포로 광주로 유학 보내는 것을 보면, 이들이야말로 삶의 투사들이 아닌가. 그들은 여전히 섬을 지키며 살아가고 있었다.

　항리 사람들이 제비처럼 절벽 위에 집을 짓고 살지언정 터를 버리지 않는 것과 우리가 벼룩이 제자리 뛰듯이 겨우 이웃 동으로 이사한 것에 어떤 차이가 있겠는가.

　"사람의 살은 땅의 흙과 같다."고 『동의보감』은 주장하였다. 『성경』에선, 하느님이 최초의 인간 아담을 흙으로 빚었다. "하늘이 땅을 내고, 땅이 사람을 냈다."는 노자(老子)의 진술도 같은 맥락이다. 결국 신토불이(身土不二)라는 것이다. 이 말은 1980년대 말 우루과이라운드협상이 진행될 때 우리 농산물 애용운동의 캐치프레이즈로 회자(膾炙)되었지만, 우리의 고양이 이사와 무슨 상관이 있는가.

바람에 날린 풀씨처럼 한 번 뿌리내린 곳에서 일생을 개척해야 하는 삶이 있다. 우공이산(愚公移山)의 설화가 그것이다. 북경(北京)으로 오갈 때마다 태행산(太行山)과 왕옥산(王屋山)을 돌아다녀야 하는 고충을 덜고자 우공의 가족들은 산을 평평하게 깔아뭉개고 한길을 내기로 하였다. 얼마나 미련하고 우둔한 일인가? 소문을 들은 친구 지수(智叟)조차 우공을 나무랐다.

우공은 왜 산을 옮기기로 결심하였을까? 차라리 다른 곳으로 이사하는 편이 훨씬 수월하였을 것이다. 이산(移山)은 현재 살고 있는 터전에서 한 치도 물러서지 않겠다는 결의였다. 조상 대대로 지켜온 삶의 현장에서 이웃들과 함께 살겠다는 선언이었다. 여의치 못한 환경을 개척하고 극복하겠다는 선전포고였다. 이웃집 과부의 예닐곱 살 된 아들까지 동조하게 되었으니, 마침내 우공은 산을 옮겼고 뜻을 이루었다.

아내와 나의 선택은, 마치 풀씨의 섭리에 순치된 것처럼, 우공이나 가거도 주민들처럼, 한 번 잡은 터를 고집하고 만 셈이 되었다. 어떤 연유인가? 우공은 농경시대 사람이지만, 나는 신유목시대 사람이 아닌가. 땅에 얽매일 처지가 아니다. 해가 잘 든달지, 교통이 좋달지, 직장에 근접하여 좋달지, 이웃이 좋달지, 살면서 좋은 일이 많았달지 등……. 그럴듯한 이유를 달 수 있겠지만, 이해하기 어려운 일이 아닐 수 없다.

하기야 까닭이 하나 있는 것 같다. 이웃 김 박사네와 이사를 가도 같이 가고, 새집을 지어도 함께 지어서, 오래토록 함께 지내자는 언약이 그것이다. 김 박사네는 지금 살고 있는 아파트가 더 이상 좋을 수 없다고 하였다.

 이왕 이사할 바에야 멀찍이 가서 새로운 환경을 만들어 보는 것이 어떠냐고 의논하였건만, 겨우 옆 동으로 이사를 하다니 당신과 나는 어떤 취향인가.

(2009)

황홀한 그늘로

　돌이켜보면, 평생 연구실과 집을 오가며 살아왔다. 연구실에서 하루를 보내고, 밤에 잠시 집에 다녀오는 나날의 연속.
　그 사이 많이 변하였다. 부임했을 당시 농과대학 뒤편은 소나무들 사이에 무덤들이 즐비한 야산이었고, 냇가 건너편으로 들판이 펼쳐져 있었다. 30년이 흐른 지금은 용봉지구로 개발되어 그 흔적조차 찾을 수 없다.
　변혁의 쓰나미가 순간순간 덮치는 시대. 죽기 원하면 멈춰 서라고 경고하는 시대. 현금 1년의 변혁은 과거 100년의 진보에 맞먹는다고 하니, 무섭게 내달리는 시대를 지나왔다.
　그러나 나는 연구실과 집이라는 두 점 사이를 변함없이 되풀이 오간다.
　어느 날, 출근하여 보니 핸드폰을 두고 온 게 아닌가. 깜박했던 것. 나잇값을 한 것.
　핸드폰이라는 것만 해도 그렇다. 수년 전 제자들에게 생일 선물로 받았을 때는 너무 생소하고 요긴하지도 않아서 상당 기간 묵혀 두

다시피 한 물건에 지나지 않았지만, 이젠 잠시라도 없어서는 안 될 일상의 필수품이 되었다.

내겐 대낮에 집에 들어서는 경우는 거의 없는 일. 아내는 출타 중이고, 조용하게 빛나고 있는 공간.

나의 가정이 이렇게 낯설게 빛나는 것을 결코 상상해 본 적이 없었다. 거실에 텔레비전, 오디오와 클립쉬 스피커 한 쌍, 소파, 몇 권의 책들. 작은 거울과 그 앞에 고요한 로션과 화장품들. 벽에 걸린 몇 점의 서양화와 가족사진들 – 아내 권사 취임 기념, 세종대왕릉 방문 기념, 큰아이 대학졸업 기념. 빼꼼하고 낯설다.

빛결을 따라 베란다로 눈길을 돌리니, 20년 전 이사 들었을 때 집들이 선물로 받은 행운목, 천정에 닿을 듯이 죽 뻗은 선인장, 둘째의 고교 자모회에서 선물 받은 향나무 분재, 후배의 선물이자 잎에 노랗게 무늬가 들어간 변종 군자란의 화려하고 당당한 꽃대궁, 자스민의 새 잎, 베고니아의 주황빛 꽃, 사시사철 꽃 피우는 제라늄, 아내 생일 선물로 아이들이 보내온 호접란, 화병 곁에 착생한 풍란, 이번 봄 아름다운 향기를 선사한 서향, 그리고 키가 홀쭉 커 버린 비파나무.

이들이 간직하고 있는 가족의 사연들. 햇볕은 거실 마루까지 혼자 비치고, 고요 가운데 영광에 싸이는 환한 사연들. 배시시 미소를 지어 본다.

방으로 들어서니, 손때 묻은 사연이 실타래처럼 얽히고설킨 옷장이며, 옷가지며, 책장이며, 자질구레한 실로 볼품없는 것들이 가슴을 뛰게 한다. 정을 가득 담고 있는 것들. 책상 위에 놓인 손가락 한 매듭 길이의 몽당연필들은 둘째가 쓰던 것! 책장 속 눈에 띄는 두 아들의 일기장, 큰아이가 영어 성경을 필사한 노트! 아내의 오래된 가계부들, 내가 썼던 육아일기 2권, 층층이 쌓인 다이어리와 앨범들.

　이게 다 무슨 소용 있을까? 효용이 지난 폐품들 아닌가. 한때 나와 가족들에게 사연 가득한 귀물들이었지! 사연에 울고 사연에 몸부림친다는 말이 있지만. 마음이 다시 뜨거워진다.

　재 그것까지 마저 태웠던 사랑, 마저 태울 수 없었던 사랑. 두 감정이 회한처럼 교차하는가.

　마루에서 놀고 있는 햇살, 내게 말을 붙여오는 자질구레한 것들과, 오늘 비록 낯설게 만났으나, 앞으로 깊이 사랑에 빠져보고 싶은 소망. 사랑과 굴절과 환희의 사연들의 집합. 그 위로 사연은 고요하게 쌓이며 섞이며 발효해 갈 것이다.

　가정은 어디까지나 사랑과 평화의 본질인 것이다. 맑고 깨끗하고 사랑스럽고 따뜻하다. 여기 쌓인 사연들은 삶이라는 발전소의 활활 타는 연료가 되어 줄 것이다. 변혁의 쓰나미가 덮쳐 와도 가정은 여전히 느리고 느긋한 홈으로 남을 것.

　깜박 잊는 것, 즐거운 일이 아닌가. 이래저래 나잇값 했다 싶다. 시간조차 멈추고 안식과 평화를 누리는 황홀한 그늘로 들어섰던 것이다.

(2009)

프로크루스테스의 침대

얼마 전 이사를 하면서 침대를 바꾸게 되었다. 한곳에 눌러 앉아 평범하게 살아온 탓에 20년간 애용해 왔던 주문제작 침대를 버렸다. 장식성은 없지만 특별한 불편도 없었다.

고대 이집트 왕실에서 수면, 식사, 독서를 위해 처음 사용되었다는 침대. 이후 제왕의 침대, 알현의 침대 등 지배자의 권위를 나타내는 장치가 되었던 침대. 뿐만 아니라 왕비의 침대, 천사의 침대, 궁륭 침대, 폴로네즈 침대, 왕관 침대 등 아름다움과 호화로움의 극치를 추구하는 귀족들의 향락 도구였던 침대.

19세기 후반 비로소 서민계급 사이에 보급되었던 실용적인 침대는, 이제 평범한 가구로서 사랑받는 침구가 되었지만, 아직도 다소간 '프로크루스테스의 침대'의 요소가 남아 있다.

프로크루스테스(Procrustes)는 그리스 신화에 등장하는 도둑이다. 아테네로 가는 길목 메가라에서 지키고 있다가 여행자를 에레우시스라는 여인숙으로 안내하여 쇠 침대에 묶고 길손의 다리가 침대보다 길면 자르고 짧으면 늘리는 방식으로 무고한 생명과 재산을 강탈하였다. 그래서 '프로크루스테스의 침대'는 자신의 기준을 내세워 무리한 획일화와 어거지로 제도, 주의, 방침 등에 순응토록 하고자 하는 일을 지칭하는 비유로서 쓰여 왔다. '악마의 침대'라고 해야 할 것이다.

나는 폭신한 매트리스 침대를 선호한다. 나의 침대는 권위와 상관없다. '프로크루스테스의 침대'는 더욱 아니다. 나의 침대는 화가들이 그려온 생의 따뜻함과 부요를 기대한다.

먼저 디에고 벨라스케스(1599~1660)의 누드화「거울을 보는 비너스」와 프란시스코 고야(1746~1828)의 「옷을 벗은 마하」를 침대와 함께 떠올려 본다. 「거울을 보는 비너스」는 침대 위 회색 새틴 시트에 잠기듯이 누워 있다. 살갗은 장밋빛으로 빛나고, 풍만한 엉덩이와 가는 허리는 관능적이다. 푹신한 침대에 비스듬하게 누운 「옷을 벗은 마하」는 당돌하다. 두 손으로 머리를 받친 채 정면을 응시하는 시선은 대담하면서 더하여 관능적이다.

당시 스페인은 보수적인 봉건사상의 지배 아래 있었다. 「거울을 보는 비너스」는 스페인 회화가 탄생시킨 최초의 누드화이자 「옷을 벗은 마야」가 그려지기 전까지 유일한 누드화였다. 고야는 이 그림으로 1815년 종교재판에 회부되었다. 「프로크루스테스의 침대」는 당시 예술계에도 득세하였던 것이다.

이외에도 아름다운 나신을 뒷모습만 드러낸 채 침대의 푹신한 매트리스 위에 걸터앉아 있는 도미니크 앵그르(1780~1867)의 「발팽송의 욕녀」. 침상에 대각선 구도로 비스듬히 누워 호사와 고요 그리고 도취에 흠씬 젖어 있는 앙리 마티스(1869~1954)의 「빨간 바지를 입은 오달리스크」. 가랑이를 쩍 벌린 채 방자한 모습으로 잠에 떨어진

피에르 보나르(1867~1947)의 「졸고 있는 여인」의 꿈같은 나체. 침대와 함께 그리는 아름다움과 포근함이다.

나는 안락한 매트리스 침대를 원하였지만, 아내는 딱딱한 돌침대를 선호하였다. 온돌문화를 융합시킨 가온형 돌침대와 황토침대. 놀랍게도 부부용 더블의 상판을 절반씩 나눠 따로 가온을 할 수 있도록 고안된 것이 있었다.

아내와 나는 잠자리에서 다른 점이 있다. 아내는 뜨거운 바닥에 직접 지져야 개운해하고, 난 푹신한 요 위에 자야 행복하다. 내겐 한여름에도 반드시 덮고 자는 버릇이 있다.

그렇다곤 치더라도, 금줄을 그어 놓은 것처럼 부부의 침상을 반반씩 나눠 놓고 "당신은 늘 저기, 나는 늘 여기." 하는 식으로 되는 것은 용납하기 어려웠다. 세월과 함께 서로 닮아 가는 것이 부부인데, 아예 '각자 편한 대로 하자.'는 것 아닌가. 내키지 않았다. 한 이불 밑에서 자고 일어나는 마당에 왜 바닥을 둘로 쪼개며 보온을 따로 해야 하느냐 말이다.

아내와 종종 다툰다. 서로 용납하지 못할 일을 두고 다투는 것이 아니다. 사소한 것인데도 크게 다투는 것은, 자기의 '프로크루스테스의 침대'를 결코 포기하지 않겠다는 데 있다. 처음엔 마음에 들지 않았지만, 마음을 바꿔 먹었다. 나는 '악마의 침대' 대신 사랑스러운 '천사의 침대'를 마련하기로 하였다. 두 쪽짜리 돌침대를 수용하기로 하였다. 아내의 선택에 방점을 찍었다. 아름다움과 따뜻함과 부요를 기대하면서……

(2009)

가족

삶에 쫓겨 녹초가 되었을 때에도, 무엇을 꿈꿀 수만 있다면 아주 망가진 것은 아니다.

큰 바위 얼굴을 닮아가는 꿈. 그 위에 앙상한 소나무가 몇 그루 서 있는 것이 지친 마음에 위로가 된다. 이마에 흙을 이고 있는 동산도 좋다. 흙에 덮이고 잡초와 나무들이 뿌리내리고 어우러져서 생명을 노래하는 모습을 몽상하는 일은 흐뭇하다.

생명의 밭은 너그럽다. 바람은 상큼하게 불어와 초목의 허리를 쓰다듬는다. 하늘을 향해 미소하며 노래하는 자태여, 아름답다.

피곤한 눈을 아래로 돌려 들과 강과 바다를 보는 것은 행복한 일이다. 이제 나는 너그러워진다. 영원의 길을 흐르는 강, 명백하다. 환희와 절정과 운명의 길이다. 너울너울 출렁이며 흔들리는 바다, 명백하다. 영원의 거처이다.

일에 치이고 눌려서 가족을 잊고 살다 거반 녹초가 되었을 때, 비로소 가족을 꿈꿀 수 있다면, 괜찮은 일이다. 아내와 아이들과 함께 손잡고 철없이 웃으며 하늘을 마음껏 마시는 활개는 오죽 좋은 일이냐.

(2004)

Ⅲ

단풍

교정의 단풍이 아름답다. 무엇이 아름다움인가? 마르며 죽음으로 내달리는 나뭇잎인데, 어찌 아름다운가?

낳고 일하고 죽는 것은 정해진 이치. 겨울이면 잎이 지고 봄이 되면 새잎이 나는 것. 그렇다고 어찌 슬프지 않으랴.

대하불택세류(大河不擇細流).

냇물은 강으로 흘러들고, 강물은 바다로 흘러들었다. 바닷물은 하늘로 피어올라 산꼭대기의 조갈을 풀어 주는 옹달샘이 되고, 개울물이 되고, 다시 강으로 흘러들고…….

돌고 돌 뿐인 것을, 삶과 죽음조차.

단풍과 낙엽이 하늘의 도에서 한 치인들 벗어날까. 그렇다고 어찌 슬프지 않으랴.

아름다움도, 하찮음도, 고귀함도, 모두 죽음의 강으로 흘러든다. 이 강은 어떤 윤회의 바다로 흘러드는가. 아름다움이 추함으로 바뀌고, 죽음이 생명으로 환생하는 바다. 존재의 바다라.

단풍은 그만큼 경건하고 장엄하다.

(2002)

동그란 음악

상수리나무 아래 반신불수의 여자가 어렵사리 몸을 가누며 비닐 봉지를 들고 서성거렸다. 도토리를 줍고 있었다.

캠퍼스에 상수리나무들이 제법 많다. 숲을 이루기도 하고, 길가에 두어 그루 따로 서 있는 것도 있다. 가을이 돌아오면 도토리 줍는 사람들로 나무 밑이 붐빈다. 아주머니들, 남정네들, 할머니, 할아버지, 가릴 것 없다. 다들 열심이어서 심지어는 밤중에 플래시를 켜 들고 서성거리기도 한다.

여자는 이렇게나마 몸을 움직이는 것이 건강에 도움이 될 법도 하고, 줍는 재미도 있어서 나왔을 것이다.

"바람도 쐴 겸해서요. 다들 주워 가 버리고 보이지 않네요."

내 고향 산골 마을에는 밤나무도 많았지만 상수리나무가 많았다. 아름드리 상수리나무들이 길잡이로 서서 그늘을 만들어 쉼터를 제공하였다. 가을이면 이곳이 최고의 놀이터였다. 도토리를 마음껏 주울 수 있었던 터다. 장난감이 없던 시절에 도토리는 우리의 귀한 노리개였다.

가을 열매들은 멋진 소리를 낸다. 벌레 먹은 밤톨은 소리가 시원찮지만, 잘 익은 밤톨은 명랑한 소리를 내며 떨어진다. 방금 떨어진 밤톨을 주워 들면 따스하게 열매의 체온이 느껴졌다.

열매 가운데 가장 감동적인 소리로 떨어지는 것은 도토리가 아닐까 싶다. 하나둘씩 떨어지며 땅바닥을 때리는 소리, 사방으로 튀는 소리, 그리고 몸을 숨긴 풀숲에서 들려오는 새근거리는 숨소리. 이 섬세한 변주에 우리는 빨려 들었다. 한편, 산들바람이라도 언뜻 불어오면 우두둑 소낙비처럼 대지를 여지없이 강타하는 질풍노도. 우리는 환호성과 함께 도토리처럼 튀며 사방으로 몸을 피하였다.

도토리를 줍는 일은 무료한 사람들의 소일거리만으로 그치지 않는다. 여자의 말처럼 바람도 쐴 겸 가을 정취를 만끽할 수 있으며, 커다란 나무 아래를 서성거리며 어릴 적 추억을 곱씹는 것만으로도 그저 괜찮은 것이다. 잘 생긴 도토리를 한 톨 주워 허리를 펼 때, 손아귀에서 전해 오는 순정한 충일감이 삶을 든든하게 받쳐 준다. 게다가 입안에서 느껴지는 부드럽고 쌉쌀한 도토리묵의 입맛까지 다시게 된다면, 행복이 아닌가.

나는 상수리나무를 좋아한다. 강인한 팔뚝과 너그러운 이파리들에서 용기와 위안을 얻는다. 종종 찾아가는 나지막한 언덕에는 한 그루 거대한 상수리나무가 서 있고, 그 아래 벤치가 놓여 있다. 외로울 때, 피곤할 때, 번민에 젖어 괴로울 때, 이곳을 찾아 심호흡을 하면서 원기를 회복하곤 하였다. 특히 가을이면 벤치에 앉아서 도토리 떨어지는 소리에 귀를 기울여 보는 것이다. 톡, 톡, 그리고 풀숲으로 튀어 흩어지는 소리, 음악처럼 감미롭다. 한 톨을 주어 손아귀에서 굴려 본다. 꽉 찬 충일감!

지난 가을 내내 상수리나무 숲에서
사람들이 도토리를 주웠다.
동그란 알이 떨어져 이리저리 튀는 것
톡 톡, 음악이었다.
낮엔 낮대로 밤엔 밤대로 플래시를 켜들고
헤치고 밟았다.
흙바닥은 아스팔트처럼 반들반들해졌다.
그 풍경이 참혹하여 나무에겐지 흙바닥에겐지
나는 몹시 미안한 마음을 품었다.
해가 바뀌어 2월 어느 날 숲에 갔더니
반질반질하던 아스팔트 바닥은 간곳없고
폭신폭신한 흙바닥이 새로 놓여 있었다.
미안한 마음은 부질없는 것이었다.
아아, 겨우내 대지의 큰어머니께서
눈 이불로 덮어 싸매고
서리 바늘 쟁기로 갈아엎어
우리 집 남새밭 같이 일구어 놓으셨던 것이다.
염려마라, 올해도
동그란 음악이 툭 툭, 튈 것이니.
말랑말랑하게 부풀은 숲은
어머니의 젖가슴으로 끓어오르고 있었다.*

작년 가을, 사람들은 나무 밑에서 도토리 줍기에 바빴다. 하도 많은 사람들이 상수리나무 밑을 찾는 탓에 흙바닥은 결국 아스팔트처럼 반들반들해지고 말았다. 나는 불편하고 미안스러운 마음을 금할 수 없었다. 「동그란 음악」은 그 정황을 그리고 있다.

　　그러나 도시 가운데 캠퍼스에서 흙바닥이 아스팔트처럼 굳어지도록 밟고 다니면서 풀숲에서 거두는 것은 도토리 이상이다. 자연에서 전해 오는 위로와 치유를 경험하는 것이다. 반신불수의 여인이 갖은 애를 쓰며 주워 올린 것이 그저 몇 알의 도토리만일 수는 없지 않은가.

　　지난봄 나는 아스팔트같이 단단해진 가슴 바닥을 서리 바늘로 갈아엎고, 눈 이불로 덮어 싸매고, 바람으로 다독여서 다시 보드라운 흙의 속살로 일구는 큰어머니 대지(大地)의 강인한 생명력과 사랑을 보았다. 오늘은 그 나무 아래에서 재활을 꿈꾸는 반신불수의 여인을 만났다.

(2010)

* 졸시 「동그란 음악」.

농대의 가을을 찾아서

3호관 앞의 숲은 무성한 잡목과 밀생한 나무들 탓에 원시림의 신비감과 두려움을 느낄 만하였다. 전혀 손질을 하지 않았었다. 그러나 이제 사방팔방 어디서도 함부로 발을 들여 놓을 수 있는 무방비한 소공원이 되었다. 길 아닌 길이 x, y, z 소로로 균형을 이룬 자그만 숲 속에서 대학생들은 마치 대지를 처음 밟아 보는 듯 만보한다. 보기 좋다.

운동장 주변 공원에 빛나는 것은 아무래도 일정 간격으로 줄지어 선 은행나무들과 두 그루의 백 척 플라타너스와 거대한 노목 은백양 나무다. 그리고 그 아래는 배구 코트와 농구 코트. 은행나무의 화려한 황금빛 파노라마는 장관이다. 해마다 은행잎을 주워 책갈피에 끼워 두었다. 지금은 마지막 잎새조차 다 떨어져 버렸다.

나무들은 자신의 분수에 만족하는 것일까. 단풍이 빠른 것, 더딘 것이 있었다. 영양이 좋을수록 단풍이 늦었다. 그러나 잎이 다 떨어지고 보니 분간되지 않는다. 나무는 무분별지(無分別智)의 법칙을 수행할 뿐인가. 나는 지난봄을 기억하며 철없이 가을을 찾아 나섰지만, 나무는 이미 과거 따위는 초월하였다. 잎이 지면 수액이 뿌리로 빨려 내려가고 나무는 깊은 잠에 든다. 구린내가 노란 이파리로 덮여 있는 은행나무 밑에서 피어 올라온다. 가을 향기다.

나무는 새잎을 피울 때, 꽃 피울 때, 열매 맺을 때, 잎이 질 때를 어떻게 아는가. 나목이 되는 그것은 죽음이 아닌가. 나무에게 계절을 거부하는 몸짓이란 없었다. 나이테는 삶과 죽음을 꼭 같은 밀도로 긍정한 증거 아닌가. 인간에게 삶과 죽음이 쌓인 증거는 어디서 찾을 수 있는가.

정문에서 농대에 이르는 장대하게 펼쳐진 플라타너스의 길. 광주농업학교 시절에 조성된 역사의 길은 어떠한가.

꽹가리 치는 잎파랑치는
농자천하지대본(農者天下之大本)일세.
햇살 춤추는 길
나는 농대로 간다.

길 좌우 드높은 플라타너스 병렬 아래 서면, 누구나 시정(詩情)에 젖고 말 것이다. 나는 농대로 가는 길이 좋다. 첫 낙엽을 밟는 길이다. 가을 안개에 젖는 길이다. 1930년대 심어진 플라타너스들의 위엄만큼이나 우주의 무게가 드리워 있다. 역사의 질량을 느낀다.

"교수님, 잃어버린 것이 있습니까? 가을을 찾고 계시나요?" 하고 김 군이 지나가다 말을 건넨다.

"가을 주우러 1호관 후원으로 가려는 길이네."

거기 농대 강의실로 쓰였다가 나중 사대부중고에서 교실로 사용한 목조건물이 있었다. 그것을 헐어내고 얼마 전 뽕밭을 조성하였으니 상전벽해라는 고사성어 그대로다. 열 그루 아름드리 개잎깔나무는 그때의 일들을 귀담아듣고 본 증인이다. 그늘이 푸르고 깊다. 뽕나무밭을 가로지르면 넓은 터가 있다. 냇물이 보이고 건너편에 도시와 떨어져 때가 덜 묻은 '시골마을'이 보여서 적이 안심된다.

도토리를 몇 알 줍다 자그만 돌멩이가 내려다보였다. 그저 뒤집어보았더니, 마른하늘에 날벼락이었겠다. 나도 놀랐다. 히스가 우거진 먼 황야에서 테스에게로 불어오던 신비한 운명의 바람이었던가. 순간 난민이 된 수많은 개미들이 총총 움직이며 하얀 알을 구멍으로 끌고 들어간다. 이들은 알을 어떻게 알아보는가? 종족보존본능과 협동심과 기민함이 놀랍다. 미안한 마음이 들어 제자리에 조심스럽게 놓아주었다.

애정이 가는 소공원들이 농대에 몇 곳 더 있다. 동물병원 앞의 한 농동산과 그 발치에 작은 연못, 수목원과 그 안에 다듬어지지 않은 연못, 청봉동산, 본부로 넘어가는 언덕 좌우편의 시누대와 상수리나무의 숲, 그리고 2, 3호관 뒤편으로 길게 둘러싸고 있는 숲. 실은 농대 전체는 울타리 없는 큰 공원이다.

풀이며 나무며 꽃이며, 심지어는 거기서 피고 열리는 열매까지도 개방되어 있다. 자연의 미를 최대한 살린 농대의 소공원들은 가위질로 인공미를 강조한 다른 공원들보다 분방하고 활달하다. 숨이 깊고 호흡이 길다.

하늘을 올려다본다. 빨아 삼킬 듯 푸르다. 이미 가을에 물들어 버린 터에 짐짓 가을을 찾아 나섰던 것인가.

(1983)

태평양의 물 한 방울

가을은 노벨상의 계절이다. 올해도 한국인 과학자에게는 노벨상의 영광이 비켜 갔다. 대신, 일본은 3명의 물리학자가 수상하는 영예를 안았다. 이로써 일본은 20명이 넘는 수상자를 배출하였다. 노벨평화상 수상자 한 명을 배출한 한국은 일본에 비하면 초라하기 짝이 없다. 세계 10대 경제 강국의 위상에도 어울리지 않는다.

오래전 이야기다. 나의 은사이신 이춘녕 교수께서 미국에서 유학과 연구 생활을 마치고 귀국하기로 작정하였을 때, 미국인 친구들은 왜 살기 좋은 미국에 영주하지 않느냐고 말렸다. 한 친구는 "당신, 태평양의 물 한 방울이 되기 싫어서 그렇지?" 하더라는 것이다. 미국에 있어 봐야 태평양의 물 한 방울처럼 미미하게 지낼지도 모르니까 이보다는 본국에 돌아가 크게 출세하고 싶은 게 아니냐는 뜻이겠다. '닭 대가리와 소 꼬리'를 연상시키는 말이다.

당시는 연구는커녕 끼니를 굶지 않으면 다행으로 여기던 전쟁 통이었다. 미국에서 창의적 연구 활동으로 다수의 성과를 올렸다 해도 일단 귀국하면 형편이 되지 않아 연구를 접어야 했던 시절이었으니,

절친이라면 귀국을 만류하였을 법하다는 생각이 든다.

  현금의 상황은 그때와 격세지감이 있다. 연구시설과 연구비를 보면 미국 일본 등의 국가와 대등해지고 있고, 연구 성과를 두고도 세계와 치열하게 경쟁하는 수준으로 올라섰다. 괄목상대로 부상하였다. 과학계뿐만 아니라 온 국민이 노벨상 수상을 고대하고 있는 현실이 이를 웅변한다.

  많은 연구자들이 연구와 교육을 일평생의 즐거움으로 삼고 평범하지 않은 천직을 감당하고 있다. 그런데 이들에게 '태평양의 물 한 방울' 대신 단번에 '사발물' 또는 '저수지물'을 요구하는 것은 아닌가 하는 생각이 들 때가 있다. 노벨상이 국격의 바로미터로 여겨지는 현실에서 노벨상 수상에 대한 국민적 관심은 이해가 간다. 연구를 통하여 국격을 높인다면 과학자들에게 그 이상의 영광과 보람이 또 있겠는가.

  연구란 연구자의 지적 호기심에서 시작된다는 점을 간과해서는 안 된다. 들볶여서 될 일이 아니고, 떠밀려서 될 일도 아니다. 스스로 판단하고 연구에 매진할 수 있도록 연구자를 지원하는 일이 먼저다. 지식산업사회의 기반인 신지식의 창출에는 고등 교육과 연구에 과감한 지원과 투자가 필수이다. 투자 없이는 노벨상 수상은 고사하고 과학기술의 진보를 기약할 수 없다는 것은 불을 보듯 뻔하다.

  고도 2,750m 백두산은 평균고도 1,300m 개마고원 위에 우뚝 서 있다. 한반도의 지붕 개마고원이 받치지 않았더라면 평범한 작은 산에 불과하였을 것이다. 진합태산(塵合泰山), 흙과 자갈이 먼저 쌓여 개마고원을 이룬 그 위에 돌출이 튀어나와 비로소 민족의 성산(聖山)

백두산이 되었던 것이다.

진합태산의 위대한 원리는 과학계에도 그대로 적용된다. 겨우 20여 년 전부터 연구개발에 투자하기 시작하였음에도 불구하고, 과학계는 세계적 괄목상대로 부상하였다. 과학기술의 개마고원을 쌓은 셈이다. 이제 돌출이 여기저기서 튀어나오고 있으니, 노벨상의 수상도 멀지 않았다.

한 방울의 물은 보잘 것 없이 작지만, 한 방울을 보태면 태평양은 꼭 그만큼 불어난다. 창의(創意)의 바다에 한 방울의 물을 보탤 수 있도록 연구자들을 지원하고 격려할 때, 우리 앞에 창창한 태평양이 펼쳐질 것이다. 노벨상 수상을 고대하는 국민에게 드리는 '태평양의 물 한 방울'의 뜻이 아닐까. 내년 가을이 기다려진다.

(2014)

한국사 시험

 시험을 치른다는 것은 썩 유쾌한 일은 못 된다. 자신의 실력이 발군의 그것이라 할지라도 당장 내키지 않는 게 인지상정(人之常情)이다. 시험을 당한다는 것은 더욱 그렇다. 의심을 받는다는 뜻이 아닌가.
 우리는 시험을 끈덕지게 치러 내는 인내가 덕목임을 잘 알고 있다. 해마다 등극하는 고등고시 합격자의 영광의 뒷이야기를 들어 보면 칠전팔기(七顚八起)의 인내는 오히려 무색할 정도다. 그뿐만이 아니다. 국민학교부터 시작되는 시험을 언제까지 치러 내느냐는 곧 사회적 성공의 지표가 되고 있으니, 이쯤 되면 시험은 많이 치를수록 좋은 일임에 틀림없다.
 '시험, 네까짓 게 별게냐.' 하며 코웃음 쳐 주고 싶은 반발심이 일기도 하지만, 시험의 기회를 적극적으로 활용하는 젊은이가 보다 나은 성취를 이룩함은 당연해 보인다. 모두 싫어하는 일을 해내는 데 대한 보상이라고나 할까.
 까짓 시험 따위 치워 버렸으면 좋겠다는 생각도 하겠는데, 그러면 무엇을 기준 삼아 대학생을 선발하며, 회사원을 발탁할 수 있겠는가? 불신이 팽배한 바닥에서 교수의 추천서는 신임 받을 가능성은 적다. 무슨 객관성이 있느냐고 대들면 담임교사의 소견이나 학교장의 추천은 휴지에 불과해진다.

시험은 이렇게 의심을 받아왔지만, 여전히 치러지고 있으며 앞으로도 부단히 성행할 것이다. 이번 가을 내가 치른 시험을 이야기하고자 한다. 누가 시험을 당하고 있는가?

'한국사' 시험 문제지 뭉치를 들고 고사장에 들어섰더니, 학생 3명이 기다리고 있었다. 60여 명 대상 가운데 단 3명. 시험을 치를까 말까, 고민을 하면서도 설마 강행하지는 않겠지, 하는 배짱도 한몫 거들어서, 떠나지 않고 멀거니 앉아있었다.

나는 말없이 시험지를 배부하였다. 셋은 이름조차 적어 넣지 않았다. 이들을 재촉하는 사이, 한 학생이 아버지에게 등이 밀려 출입문에 당도하였다. 입실을 거부하였지만, 설득하여 앉혔다. 그는 땅이 꺼져라 한숨을 내쉬며 머리를 처박았다. 그의 가슴에는 분노와 좌절이 맞닿고, 뇌리 속에서는 친구들의 얼굴이 떠오르고, '의리와 배신'이라는 낱말을 되씹고 있는 것 같았다.

그의 괴로움을 보고 있자니, 나도 고통스러웠다. 의리 없는 사람과 사회를 좋아할 사람은 없을 것이다. 왜 정의로운 개인들이 모인 사회조차 불의한 사회가 되고 말까? 왜 지성인들의 집단이 때때로 돌팔이 사람 잡는 처방을 내는가?

오늘의 문제는 시험을 거부하는 대학생들과 중간고사를 예정대로 실시하려는 당국과의 대결, 학생과 교수와의 대결, 자식과 학부모와의 대결인 것처럼 보이지만, 뿌리는 크고 깊어서 다 헤아려 볼 수 없다. 사안이 복잡할수록 해결의 확률은 커진다. 실타래처럼 얽히고 설킨 문제들도 간단명료한 대강(大綱)을 세우면 해결된다. 세포막을 사이에 둔 물질의 평형은 복잡한 현상이지만 대강은 도난(Donnan) 막평형과 능동수송으로 설명되듯이⋯⋯.

한 여학생이 어머니의 손에 끌려 고사장으로 들어왔다. 이와 같은 일이 거듭되니, 고사장엔 학부형이 뒷자리를 차지하고 학생들이 앞자리를 차지하게 되었다.

잠시 후, 중년남자가 아들을 끌고 문 앞에 당도하였다. "학교 들어오는데 너무 썰렁합니다. 이러고서야 원, 대학생들이 얌전히 있겠어요? 해도 너무 합디다." 그는 자식을 충분히 이해한다는 신호를 보냈다. 나는 학부형의 기지와 경륜에 감탄했다. 완강하던 아들이 자리에 앉았다. 조금 있으니 여교수가 여학생의 등을 밀며 들어오면서, 단단히 화가 난 체하였다.

속으로 웃음이 터졌다. 어느 쪽이 시험을 당하는지 분간할 수 없지 않은가! 학생인가, 교수인가, 학부모인가, 대학인가. 세계 어느 대학에서 이렇게 이상하고 값비싼 시험을 치른단 말인가. 교수들은 뛰다시피 교정을 다니며 학생들을 사냥하여 고사장으로 거듭 수송하였다. 학부모들은 눈물로 통사정하여 고사장으로 아들딸을 데리고 왔다.

결국 10여 명이 학부모들과 교수들과 함께 한국사 시험을 치렀다. 많이 치를수록 좋은 것이 시험이라고 앞에서 주장하였지만, 이번 것은 중세시대에 목숨을 걸고 치렀던 홍역 같은 것이었다. 좁쌀 꽃이 돋는 홍역이라면 어려서 치러야 생명에 위험이 적은 법이건만, 우리는 이미 어른이 아닌가. 그리고 홍역의 대가로 어느 권력이 얼마나 웃

돈을 얹어 줄 것인지? 이 시험은 '한국사'에 어떻게 기록될 것인지?

멀리 무등산이 무겁다. 출산을 앞두고 있는 만삭의 임산부. 국가와 민족이 풍전등화(風前燈火)의 위난(危難)을 당할 때 바람처럼 등장하여 나라를 구해 낸 지방의 걸출한 지도자들은 무등산의 아들들이었다. 광주학생독립운동과 5·18광주시민항쟁이 떠올랐다.

저물어 가는 교정, 은행나무의 노란 잎사귀들 위에, 깊은 그늘이 내려앉아 있었다. 어떤 생명에게든 산욕을 치르는 쪽과 홍역을 치르는 쪽이 있게 마련이거니…….

나는 이렇게 '한국사 시험'을 치렀다.

(1982)

감나무의 세모(歲暮)

세모에 도달하고 보니, 애틋한 정과 애모의 우수에 젖게 된다. 마음이 어수선하고 헛갈리면서 아쉽고 슬픈 생각에 빠져든다.

바깥마당 감나무는 그동안 새순을 돋아내고, 감꽃을 피우고, 두터운 맷방석 그늘을 예쁘게 드리워 주고, 홍시를 달고, 수더분하고 두꺼운 단풍이 들었다. 이제 잎이 지고, 까치밥에 눈이 쌓이고, 빈 가지에 바람이 남았다. 감나무의 유익과 아름다움이다.

나는 교육자이고 과학자이지만, 감상적이고 애상적이고 환상적이다. 감정의 색조와 분위기를 자주 탄다. 과학자라면 얼음장처럼 차갑고 잘 벼린 단도처럼 예리하고 치열해야 하겠거늘, 어눌하기가 암소 같고 우유부단하기가 당나귀 같고 작심삼일 하는 일이 항다반사이다. 남의 말에 솔깃 속아 넘어가는 것도 예사인 바보 학자의 표상이다.

감나무는 내 성정처럼 결코 급하지 않다. 가끔 해거리를 할 때면 그까짓 손가락질쯤 당하고 마는 것이다. 손을 타지 않는 것도 덕이다. 새순은 감잎차로 떼이고, 감꽃은 고깔로 떼이고, 똘개감은 아이들에게 두드려 떼이고, 중감은 시장한 저녁나절 초동에게 떼인다. 그래도 홍시감은 주인댁 몫으로 조금 남는다. 손 타는 나무 같으면 이쯤 되면 벌써 열매가 다 곯았을 것이다.

　난 마음이 풍부하고 정이 넘쳐서 가식을 싫어하고 있는 대로 되는 대로 내놓는 편이다. 손발보다 마음이 앞서기가 쉬운 성미 탓에 호의로 무엇을 약속하였다가 나중에 한없는 정신적 또는 육체적 중압감에 시달리기도 한다. 후회하고 반성하고 슬퍼하고 자조하여 본들 무슨 미와 유익이 우러나올 것인가.

　내다보니, 꼭대기 가지에 까치밥은 하늘 몫으로, 땅 몫으로, 까치 몫으로, 또는 바깥주인의 시상(詩想)을 위하여 남겨져 있다. 내 감정의 색조와 잘 어울리는 것이다. 헐벗은 가지에 이는 찬바람 소리도 좋다. 감나무는 천지의 아름다움과 범용(汎用)의 덕을 담아 지녔다.

　연말을 맞아 마음이 아쉽고 슬프고 어수선하면서도, 내 자신이 강의 벼루에 위태롭게 서 있다는 생각이 든다. 강심의 저류에는 염원과 애모가 흐른다. 과학자라거나 시인이라거나 교육자라거나 따위는 개념하지 않는다. 광야의 벼루에 아슬아슬하게 내가 버티고 섰다는 것. 천 길 낭떠러지 아래 강물이 유장하게 흐르는 것을 굽어보면서, 만물이 밀려가고 밀려오는 벼리의 힘을 느낀다. 한 발자국도 함부로 옮겨서는 안 된다는 결심을 하게 된다.

　마음과 사상(事像)이 흩어지고 모여져서 삼라만상이 되었다. 감나무도 그렇다. 한 시간의 끝에서 우리는 만나 비로소 하나로 쳐다보고 있는 것이다.

　좋은 경지가 있다. 세모, 사람이 그어 놓은 한 해의 시작과 끝일 뿐, 시공에 무슨 단절과 매듭이 있을까.

늙은 감나무가 쓸쓸히 헐벗은 채 지붕 위로 가지를 드리우고 서 있다. '나이를 먹고 늙어 가는 것. 새해를 기다리며 궁구하고 있겠지. 원단 첫 햇살의 찬란한 광명을 꿈꾸겠지.' 나름대로 그 마음을 헤아려 보게 된다.

생애 두 번 없을 갑술년 세모의 순간들을 바깥 감나무 바라보듯 내다본다.

(1994)

구두끈을 풀어 매며

겨울이 깊어졌다 싶으면, 어디선지 모르게 시끌덤벙한 울림이 심장 밑바닥을 두드린다. 귓전을 때리는 시베리아의 냉풍조차 뒷심이 물러진 듯하다. 시냇물의 빛깔과 소리는 점점 둔탁해진다. 담벼락 밑에 봄을 재촉하는 고사리 손같이 어린 풀잎이 떨고 있는 것을 보노라면 애처로울망정 봄의 전령만 같아 반갑다.

어수선함과 시끄러움과 흐트러짐과 불결함까지, 시끌덤벙 교향악이 들려오면, 겨울은 드디어 봄에게 자리를 양보하는 것이다.

길을 걷는데 갑자기 발이 불편하였다. 옥죄었다. 왜 이럴까?

난 바쁘게 걷는 편이다. 왼발이 땅에 닿기가 무섭게 오른발은 바닥을 밟아 차고 나간다. 멈추어 서서 심호흡을 하고 주위 사방을 지긋이 둘러볼 여유가 없었다. 서둘러 길을 다 간 후에 구두를 벗어 버리는 것으로 만족하였다.

생각해 보니, 나란 위인은 후세 교육에 노심(勞心)해 온 것도 아니요 세상을 경영하는 큰일에 초사(焦思)해 온 주인이 아니라, 구두 허깨비에게 쫓기는 신세가 아니었던가 하는 의구심이 생겼다.

걸음을 멈추고 아래를 내려다보았다. 귀엽다. 갈색으로 빛나는 가죽구두, 그리고 꽉 조여진 구두끈. 고마운 것이지만, 오늘은 그렇지 못하구나!

무릎을 꿇고 구두끈을 풀었다. 줄의 끝과 끝을 서로 묶는 듯 마는 듯 매두었다. 그리고 뚜벅뚜벅 걷기 시작하였다.

늘상 바쁘다며 앞을 향하여 뜀박질만 하여온 탓으로 자신을 고요히 들여다볼 기회를 만들지 못하였다. 어디로 갈 것인가? 달려온 길 좌우 원근에 무엇이 펼쳐져 있었던가?

내려갈 때 보았네
올라갈 때 못 본
그 꽃*

그것들이 아련하고 그윽하게 다가왔다. 이들을 다시 보고 만질 수는 없을까? 시인 고은이 노래한 대로 발을 옥죄도록 신발을 동여매고 앞으로 뜀박질만 하면서 지나친 꽃을 이제 만나 보고 싶어졌다. 전고(前古)에 없던 욕구였다.

속도를 줄이자. 여유와 만족 가운데로 걸어가자. 바쁘게 박차고 앞으로 나간다 한들 얼마나 유익할까. 뜀박질은 그만두자.

마음을 늦추기로 하였다. 자유와 여유와 너그러움을 일구어 내자. 호랑이에게 쫓기듯이 '걸음아, 날 살려라.' 하며 내달음박질치던 삶을 산수화 가운데 보이는 느린 걸음으로 걷기로 하였다.

봄이다. 겨우내 옹색함과 웅크림을 벗어 버리고 어수선함과 시끄러움과 흐트러짐과 불결함의 느슨한 분수령을 지나서 새봄이 왔다. 겨울에서 봄이 빠져나왔다.

  나는 구두끈을 풀어 맸다. 봄이다.

(1999)

* 고은의 시 「그 꽃」.

양성 교대

　나는 생물학적으로 수컷이다. 남성 중심사회에서 남자로서 남편과 가장이라는 역할을 해 왔다.
　수컷이냐 암컷이냐에 따라 나름 누리는 기쁨과 특권이 있겠지만, 단성으로 사는 데서 오는 피로감이 크다. 평생 남자로 살아야 한다는 데서 덮쳐 오는 스트레스는 생각보다 큰 것이었다. 나뿐만 아니라 역사적으로 선구적인 여성들은 평생 여성으로 사는 데서 오는 차별과 피로감을 호소해 왔다.
　뿐만 아니다. 도저히 여성의 심리를 이해하기 어려운 경우도 종종 생겼다. 이럴 때 본질적 차이를 알아보려면 성을 교대해 봐야 할 것이 아닌가 싶었다.
　농어는 암수 한 몸이어서, 암수 양쪽의 기능을 발현할 수 있다. 한 몸에서 알 또는 정자를 배출한다. 쌍 가운데 한 놈이 먼저 알을 슬어 암컷 역할을 선택하면 다른 놈은 정자를 뿌려 수컷 역할을 하는 식이다. 일부일처의 쌍을 형성하면서 번식과 양육에서 암수 역할을 교대로 한다.

암수가 조응하지 않으면 생명세계는 영속성과 다양성을 유지하기 어렵게 된다. 중성이나 무성으로 살아가던 개체조차 때가 되면 수컷이거나 암컷이 되어야 한다. 자신의 유전자를 포기하지 않고 퍼뜨릴 때, 농어처럼 수컷이 되느냐 암컷이 되느냐는 개체의 전략적 선택에 달렸지만, 성을 교대해도 생명세계의 영속성을 유지할 수 있다는 것이다.

일생을 남자로 또는 여자로만 산다는 것은 확실히 심심하고 피곤한 일이다. 첫 인간을 남자로 창조한 것은 신의 실수였다. 홀로 살면서 외로움의 고통에 빠진 남자에게 나중에 겨우 여자를 만들어 붙여 주었다. 그리고 남자는 평생 남자로, 여자는 여자로만 살게 하다니! 지겹고 피로하지 않은가.

춘향과 이도령도 마찬가지였다. 미치도록 서로 사랑하였지만, 고정된 성 역할에 대해서는 불만을 드러내고 있다.

"나는 항시 어찌 이생이나 후생이나 밑으로만 되라 하니 재미없어 못 쓰겠소."
"그리하면 좋은 수가 있다. 너는 죽어 맷돌 위짝이 되고, 나는 죽어 밑짝이 되어 암쇠가 중쇠를 물고 빙빙 돌고 놀자꾸나."*

사정이 이러하니 양성 교대를 통하여 피로감을 해소하고 또 신의 실수도 보완할 수 있다면, 그래서 내 짝을 보다 깊이 이해하게 되면서 삶을 보다 풍요와 완성으로 이끌 수 있다면, 이를 마다할 이유가 없다. 이렇게 되면 양성불평등의 사회문제는 봄눈 녹듯이 사라질 것이다. 남-여 사이의 갈등은 이제 문제될 게 없다. 심리학과 사회학 교재는 다시 써야 하거나, 필요 없게 될 것이다.

    남성-여성의 교대라면, 이미 남성으로 살아보았으므로 여성 노릇도 즐기며 완수할 수 있을 것 같다. 나는 제일 먼저 아이의 엄마가 되고 싶다. 수컷-암컷-수컷의 교대라면, 이미 수컷과 암컷으로 역할을 경험해 보았으므로 수컷 노릇을 잘 할 것 같다. 특히 상대의 심리를 이해하지 못하여 인생의 쓴맛을 보아 온 처지의 남성이나 여성이라면 쌍수를 들어 환영하리라.

    내 주장에 내 유전자가 동의하려지 모르겠다. 유전자는 매우 사려 깊고 안정적인 길을 택하는 범생이니까. 그러나 알아야 할 것은 나의 주장은 결국 내 자신을 보다 잘 알고 싶은 데서 나왔다는 것이다.

(2014)

---

* 이고본 『춘향전』에서.

귀여운 악마

　난 술을 썩 좋아한다. 전공이 농화학이어서 그럴 수 있겠으나, 초등학교 다닐 때 집 뒤란에서 술독에 박아 놓은 용수 가운데 노란 국물을 떠서 마시고 취해 본 달콤한 기억이 있다.
　어디에 있는 것일까, 내가 마신 술의 무게는. 나이가 들면서 깨닫게 되는 바, 그것은 내 몸속에 있는 듯하다. 추억으로, 슬픔으로, 기쁨의 절정에서, 아름다움으로, 취한 분노로, 발목 어디쯤에 남은 상처로, 외상 장부에 올라 있음직한 술값으로, 늦은 시간 귀가하여 벌인 언쟁으로, 한잔 술을 놓고 다툰 우정으로, 위로와 격려로, 내 깊은 곳에 자리 잡고 있는 것 같다.
　달 표면에 엉긴 빛은 얼마나 습한가. 거기 내가 마셔 댔던 술이 바다를 이루고 있다. 응축과 흔들림과 출렁거림. 이것으로 삶이 채워졌다.

　　　酒債尋常行處有　　외상술은 세상 어디에나 있게 마련이니
　　　人生七十古來稀*　　일흔 해조차 살기 어려운 짧은 인생 술이나 마시세

나는 예절 바르게 술을 주문하고 공손하게 술을 권한다. 안부를 묻고 서로를 걱정하고 위로하며 격려한다. 이야기는 숲 속을 헤매는 것과 같다. 더 깊은 밀림 속으로 빠져들어도 상관하지 않는다. 순간 바이올린의 탱탱한 줄이 툭 끊어지듯이 긴장이 풀린다. 바이올린은 계속 울린다. 악기의 줄이 끊어진 탓에 소리가 어긋나는 것을 탓하지 않는다. 짐승의 소리겠지! 아무것도 상관하지 않는 절대자유에 도달한 것이다.

이제 나는 절대주인(絶對酒人)이 되었다. 술은 절대주인의 절대자유를 송축한다. 행복과 몽유와 놓여남이 있을 뿐, 의심도 경계도 존재하지 않는다. 대화와 제의와 화답이 있다. 한잔 더! 공간은 부드럽고 팽창과 수축이 자유로워지고, 악수는 악수를 불러온다. 자유는 자유를 향유한다.

출렁거리고 흔들리는 것이다. 이제부터는 최면이랄까, 술이 술을 주문하고, 술이 술을 마시는 경지다. 너도 없고 나도 없이 최대의 행복이, 최대의 자유가, 주인을 부린다. 신성의 향기는 자취 없고, 이성의 장치도 해제되었다. 자유, 윤리, 도덕, 종교, 아내, 가정, 직장, 명예, 백만장자로부터, 해방을 만끽한다.

서울서 친구가 왔다. 뒤에는 낯선 여자 둘이 서 있었다. 한때 문학소녀였다 등용문을 거친 여류작가들이었다. 식사를 하고 진을 마셨다. 내가 칵테일을 만들었다. 천 년 동안 사귀어 온 친구들도 이렇게 하기 어려울 것이다. 흉허물 없이 너냐 나냐 이름을 부르며 이야기를 나누다 보니 새벽이었다.

어찌 이런 일이 가능했겠는가. 마땅히 공을 술에게 돌려야 할 것이다. 그에게 일부러 힘을 빌지는 않았지만 신세를 졌다.

파우스트 박사와 메피스토펠레스! 인생의 가장 아름다운 순간을 정지시키는 귀여운 악마! 노인의 피를 뜨겁게 달구며, 미인을 초대하는도다! 가슴에 애욕의 풀무질을 해 놓고는 "나는 책임 없어요!" 하며 내뺀다.

(2004)

* 두보(杜甫)의 시 「곡강(曲江)」에서.

포장마차에서

　포장마차에서 소주를 마신다. 오동 꽃이 꼿꼿하게 피어 하늘을 찌르는 보랏빛 오월. 가장 사랑하는 계절에 그녀는 말수가 없다.
　현대인들은 과학기술에 무한 신뢰를 보낸다. 황 교수 사건이 터져 세계에 충격을 주었지만, 이는 한 단계 도약을 위한 필요악쯤으로 여겼다. 유사한 사건들이 줄을 댈 때에도 어마어마한 발견과 개발이 이루어지고 있다는 증거쯤으로 이해하였다.
　줄기세포기술은 황 교수 사건을 통하여 국민들에게 알려졌다. 이후 한국은 이 기술을 석권하였다. 반도체 기술과 함께 천문학적 부를 창출하여 떼돈을 벌어들이고 있는 줄기세포기술. 여성들의 버려지던 난자는 고부가가치 신기능 신물질 창출의 자원이 되었다. 대다수 여성들은 난자를 난자은행에 예치하거나 판매하여 돈을 벌었다. 남자들도 마찬가지로 정자를 은행에 예치하고 대가를 챙기는 일이 일상이 되었다.
　한때 세계적인 저출산율 탓에 다산정책을 들고 나와서 출산장려금을 지급하던 정부는 이제 저출산율을 고민할 필요가 없어졌다. 과학기술로 떼돈을 벌어 생활의 윤택과 여유를 제공하자 출산율도 따라서 높아졌다. 게다가 대리모라는 직업여성들이 출현한 것이다.

매스컴에 소개되었던 '401호 정자'는 이런 사회의 일단을 보여주었다. '4년제 대학 출신, 180cm 키, 만능 스포츠맨, 플러스 IQ 125 이상'이라는 조건을 갖춘 정자 기증자들. 그중 401호 정자를 받아 출생한 10여 명의 또래 아이들과 그 엄마들이 한자리에서 모임을 가졌다는 것. 하나의 가족클럽이 조직되었다는 것. 얼굴을 모르는 한 남자의 정자를 거의 동시에 수정받은 젊고 행복한 엄마들. 이는 현대 과학기술과 유전학이 제시한 삶의 한 단면에 불과하다.

소주 두어 잔을 나눈 뒤, 그녀가 어렵게 입을 열었다.

"은행에서 오는 길이예요." 다달이 그렇게 해 온 것을 난 알고 있다.

"특별한 일이라도?"

"다음 달부턴 D급 단가를 쳐준대요."

"그래서 풀이 죽었구나." 나는 위로해 주고 싶고 지켜 주고 싶은 욕망이 불끈 일었다.

사람의 머리끝에서 발끝까지, 터럭 하나까지도, 과학기술이 스치면 돈이 되었다. 그것은 마이다스의 손과 같은 힘을 발휘하였다. 과학의 눈길만 받으면 그것은 당장 돈으로 바뀌고 말았다.

그녀는 가방끈이 짧은 데다 받은 유산도 없었다. 아들 하나를 두었다. 더 낳고 싶었지만, 하나를 더 가지면 난자 제공 수입이 그만큼 줄어드는 대신 육아비용과 교육비 지출의 부담이 커지는 탓에, 그만두었다. 그럭저럭 아들은 대학을 졸업하였고, 이런저런 연유로 남편과는 이혼하고 말았다.

　나이 마흔이 넘으면 난자나 정자의 활력이 떨어지고 유전자 변형의 확률이 높아진다. 따라서 난자와 정자에 등급을 매기고 값을 따로 쳐주는 것은 당연하다. 사람들은 과학의 발견을 무심코 흘려듣거나 열렬히 환영하다가도 정작 자기에게 닥친 일이 되고 보면, 당황하거나 불쾌해하며 버럭 진노한다.

　그녀도 그랬다. 자기 난자의 품질을 의심받고, 제값을 다 쳐줄 수 없다는 설명을 듣고 보니, 억장이 무너지는 것 같았던 것이다. 그동안 자기 것의 품질을 점점 낮게 쳐주는 것을 경험해 왔지만, 이번만은 달랐다. D급이라는 것은 최하위 등급인 줄을 알기에, 막다른 골목에 몰리고 있다는 절박감이 엄습하였던 탓인가.

　'늙어 가는 것. 샘이 말라 가는 것. 여성성의 상실, 대지의 망실.'

　그녀는 한 모금 입술을 축이더니 울먹이며 말했다.

　"이것으로 입에 풀칠을 해 왔는데, 이마저도 몇 년 지나면 더는 못하게 된다고 생각하니……."

　그리고, 긴 침묵이 흘렀다.

　"다리에서 힘이 쭈욱 빠져나가는 것 같았어요. 대리모로 나설까도 생각해 봤지만……." 하고 말꼬리를 흐렸다.

　나이가 들만큼 든 마당에 그것은 더 어려운 일인 줄 뻔히 알면서도 너무 절망한 나머지 그저 해본 억지소리라는 것을 스스로 자인하는 그녀가 한없이 안쓰럽다.

　난자 채취사가 난자를 채취한다. 채취할 때면 고통스럽고 메스껍다고 하였다. 며칠을 방 안에서 누워 지낸 적도 있다 하였다. 병원에서 주사 한 방 맞고 이빨 하나 빼는 것하고는 전혀 다른 정신적 고통이 따른다는 것이다. 자신의 일부가 어디선가 꾸물대며 살아 움직이는 환영이 보인다고도 하였다.

그렇다고 아들의 도움을 받을 수도 없다. 아들은 백수다. 대학을 나와 난자 채취사가 되겠다고 자격시험에 수차례 도전하였지만 매번 낙방하였다. 대학생들 사이에 가장 인기 있는 국가자격시험 가운데 하나이고 보니, 낙방은 다반사이겠지만, 내 아들이 번번이 물만 마시는 꼴을 차마 곁에서 보기 민망하였을 것이다. 직업종류는 3만 개로 늘었다지만, 정자은행 난자은행까지 생겼다지만, 그녀의 삶을 훤하게 펴 주질 못하기는 마찬가지였다.

    사랑을 잃고서는 새가 부리를 가슴에 묻고 밤을 견디듯이 맨
    발을 가슴에 묻고 슬픔을 견디었으리라.*

너도 딱하고, 나도 딱하구나. 삶의 모양은 예나 지금이나 어찌 이리도 꼭 같은고. 너나 나나 길을 잃었던 건 아닌지.

오월이면 보랏빛 오동 꽃이 꼿꼿하게 서서 하늘을 찌른다. 가장 사랑하는 계절에 우리는 눈물을 마시며 슬픔을 견디고 있다.

(2006)

---

* 문태준의 시 「맨발」에서.

맹인 부부

　새벽 5시 반 캠퍼스를 뛰었다. 오랜만인 탓에 숨이 찼다. 운동을 하지 않은 티가 났다. 그리고 사대부중 뒤편을 지날 때 반가운 모습을 발견하였다. 기다리던 그들이다.
　눈물이 핑 돌다니! 훌쩍한 키에 하얀 모자의 남자와 같은 모자를 비뚜루 쓰고 암갈색 동그란 안경을 쓴 여자. 여자는 남자의 옆구리에 손을 찔러 넣은 채로 걷는다. 누가 소경인가. 남자는 여자를 의식하지 않는 것처럼 두 팔을 자연스럽게 흔들기도 하였다.
　난 왜 눈물이 돌았는가. 이들은 대개 낮에 캠퍼스를 걸었다. 그런데 어느 때부터인지 이들이 보이지 않았다. 궁금하였던 차에 이렇게 만났으니, 반갑고 놀랐다.
　노부부를 볼 때마다 이런 생각이 들었다. 언제부터 앞을 못 보게 되었을까. 모든 일들이 순식간에 벌어졌을 게다. 옷가지는 어떻게 찾아 입을까? 밥은 어떻게 지을까. 꿈은 꾸기나 할까?
　그런데 남자는 여자를 어찌 이다지도 사랑한단 말인가. 화평한 얼굴이 환난을 다 이겨 낸 자의 것이다. 욕심과 욕망을 다 떨쳐 버린

자의 평화와 평안으로 넘친다. 여자는 오직 남자의 꽃이며 남자의 안내자인 것처럼 보였다.

모든 것을 다 내맡기는 맹인 여자는 용감한가. 난 신에게도, 가족에게도, 짐승에게도, 쭈빗쭈빗할 뿐, 완전히 맡기지 못하였다. 나도 저 여자같이 위대한 시절이 있었다. 어린애 때, 엄마 아빠는 나의 모든 것이었다. 눈을 뜨고 세상을 보게 되면서 시련이 닥쳤다.

지금 바람같이 가벼운 영감과 할멈이다. 둘이 소곤소곤 지나갔다. 이야기가 많은가보다.

서로의 운명을 거머쥐고 있을 남자와 여자. 누가 더 힘이 센가? 하느님인가, 이들 부부인가? 내겐 이들이 도회지의 교회나 깊은 산속 절간보다 더 강해 보였다. 삼성전자나 LG화학보다 커 보였다.

(2011)

생각이냐 죽음이냐

요즘 들어, 자신의 자질이 점점 조악해지고 있구나, 하고 가끔 느끼게 된다. 우선, 생각하는 일이 귀찮아졌다.

대부분 사람들은 사고(思考)하느니 죽음을 택하곤 했다. 지금도 많은 이들이 그렇게 한다.*

사고하기란 죽는 것보다도 싫고 어려운 일일 수 있다. 이전엔 그렇지 않았다고 자부하였지만, 이제는 나도 사고하는 일이 싫어졌다.
한 가지 일을 마치고 나면 반드시 다음과 같은 질문을 차례로 하고 스스로 답해 보라고 권한다 하자. 얻고자 한 것은 무엇이었나? 얻은 것은 무엇인가? 처음 예상과 달랐던 점은 무엇인가? 다음엔 어떻게 할 것인가?
이거 복잡하지 않은가. 생각을 요하는 이런 따위의 골치 아픈 일엔 신물 난다.
일상이란 차려진 밥상을 받는 것과 같다. 무엇을 고려하거나 관찰하거나 사고할 필요가 없다. 숟가락만 들면 되는 게 일상이다. 레일 위의 기차처럼 속도 조절 할 줄 알고, 서야 할 역에 설 줄 알면, 그리고 그저 돈만 셀 줄 알면, 그것으로 되는 게 일상이다. 이렇게 숟가락 들듯이 살면 되지 않느냐 하는 생각이 들었던 것이다.

    일기 쓰는 것도 싫어졌다. 이 일을 내심 자랑하면서 살았지 않았던가. 이젠 바뀌었다. 그저 관성이었던가, 버릇이었던가. 바쁜 핑계로 몇 달 동안 게으름을 피우며 그만뒀더니, 나태의 관성에 휘어 잡힌 성싶다. 하루 일과를 돌아보고 평가하고 자취를 남기기조차 싫어졌다.

> 평가하는 것은 창조하는 것이다. 평가할 때 비로소 가치가 생긴다. 인간은 스스로 평가하는 자이다.**

    뿐만 아니다. 기억력이 점점 열세해지고 있다. 대학원 시절에 헥산이나 벤젠 등 유기용매를 자주 많이 다루면서, 나쁜 시설 탓에 자주 노출되었다. 이것으로 고생을 하였던 터라서, 만성적 증상이 있지 않을까 염려해 본 적이 있지만, 그 때문만은 아닐 것이다.

    기억력의 감퇴 탓에 혼자 고통스럽다. 강의 중 갑자기 용어가 떠오르지 않을 때, 앞에 있는 학생의 이름이 기억나지 않을 때, 대화 중 말이 막힐 때, 길거리에서 만난 졸업생의 이름이 생각나지 않을 때, 정리해 둔 자료를 찾아내는 데 한나절을 허비할 때, 고통이 크다. 내가 지도하는 대학원생의 성명이 떠오르지 않는 순간도 경험하는 바이니, 괴롭다.

    종종 테니스를 즐기는 편이지만, 공이 어른거려서 잘 받아넘기지 못하는 것도 그렇지만, 돋보기가 없으면 독서나 집필이 어려우니, 슬프다. 무던히 독서를 좋아하더니 눈이 먼저 피로해진 것인가. 뉴스 외에는 텔레비전을 멀리 해 왔지만······.

이젠 남이 보여 주고 읽어 주는 것들을 보고 듣는 처지가 되었다. 스스로 하는 독서의 양은 줄어들고 있다. 이렇게 하다 보면 점점 무사안일에 빠져들게 될 것이고 종국에는 게으름의 종노릇이나 하는 것으로 삶을 덧나게 하는 게 아닌가 하는 두려움이 생긴다.

사정이 이러한데, 어찌 나를 의심하지 않을소냐. 여기저기서 '이미 자질이 조악해졌소.' 하는 대갈이 끊이지 않는다. 예전엔 죽음을 택할 만큼 사고하기를 싫어하지는 않았다는 것을 위로 삼을까. 사고가 곧 존재의 명제라고 믿었다. 독서나 일기나 다 강력한 사고의 활동인 것이다.

다 나잇값이 아닌가 하고 생각해 보지만, 설사 그렇다손 치더라도 생각하는 일이 죽음보다 싫어지는 형편이 되었다면, 그저 나이 탓으로만 돌릴 수 없을 것이다. '나이란 숫자에 불과다!' 라는 광고의 카피도 있잖은가.

한 가지 위로가 없는 바 아니다. 우리 집 강아지 재미는 대소변을 잘 가리는 편이지만, 가끔 실례도 한다. 그때마다 재미를 혼낸다고 하지만, 으레 그러려니 하며 불쌍히 여기는 마음이 과연 없지 않으니, 건성으로 나무라기 일쑤다. 조악해지는 나의 자질을 측은지심(惻隱之心)에 호소해 볼 도리는 없을까?

자위해 보는 순간, "선생은 교수이시니 생각과 사고를 거듭하여 고상한 지식을 창출해야 할 것 아니오!" 하는 채근이 들려왔다.

"어림없는 말씀이외다. 생각조차 하기 싫은 마당에 고상한 지식을 창출하라니, 바로 생각의 지옥에 빠져 죽으라는 말씀이 아닌가 하오!"

생각이냐 죽음이냐, 과연 문제로다.

(2002)

* 버트런드 러셀.
** 니체의 책 『차라투스트라는 이렇게 말하였다』에서.

과묵에 대하여

　남녀노소를 불문하고 청산유수처럼 유창하게 말을 많이 해 대는 시대가 아닌가 싶다. 그러나 유창한 달변이 반드시 이롭고 좋다고 할 수 없을 것이다.
　말이 많은 가운데서 오히려 말이 귀하고 아쉽다. 쏟아지는 말이 그저 울리는 잡음과 같거나 허황한 메아리에 불과하기 때문이다. 정작 솔직하고 진실한 의사를 담아내야 할 경우에 말이 겉돌거나 경우에 맞는 말을 놓쳐버리기 때문이다. 사물과 사건에 대한 진지한 관찰과 이해 없이 피상적인 겉지식만을 늘어놓기 때문에 그렇기도 하다.
　나는 책상머리에다 한 가지 지혜의 가르침을 붙여 놓았다. 가르침을 베푼 분의 고명(高名)은 알 수 없지만, 말의 역기능과 순기능을 웅변한다. 때때로 보면서 한마디 말의 위력을 가늠해 본다. 세 치 혀에서 내뱉은 부주의한 말, 잔인한 말, 쓰디쓴 말, 무례한 말의 잠재적 파괴력을 잘 말해 주고 있다.

　부주의한 말 한마디가 싸움의 불씨가 되고

잔인한 말 한마디가 삶을 파괴합니다.
은혜로운 말 한마디는 길을 평탄케 하고
즐거운 말 한마디는 하루를 빛나게 합니다.
쓰디쓴 말 한마디가 증오의 씨를 뿌리고
무례한 말 한마디가 사랑의 불을 끕니다.
때에 맞는 말 한마디는 긴장을 풀어 주고
사랑의 말 한마디는 축복을 줍니다.

예부터 말조심 또는 입조심이라 하여 말을 극도로 경계해 왔다. 한 번 내뱉은 말은 다시 주워 담을 수 없으니, 차라리 입을 꽉 틀어막는 편이 수다를 떨다 화를 자초하는 것보다 낫다. 싸움의 불씨가 되고, 삶을 파괴하고, 증오의 씨앗을 뿌리고, 사랑의 불을 끈다면, 이보다 더 큰 화가 있을까. 그래서 "가는 말이 고와야 오는 말이 곱다." "낮말은 새가 듣고 밤말은 쥐가 듣는다." "말 한마디에 천 냥 빚도 갚는다." 등 입을 단속하는 속담이 생겨났다.

그러면 이러한 진리는 어떻게 깨닫게 되는가? "이 친구는 부인에게 하루 세 마디밖에 하지 않는답니다. 출근길에 '이제 가네!', 퇴근해 와서는 '다녀왔네!', 그리고 잠자리에 들며 '자세!', 이렇게 세 마디랍니다. 그래서 오순도순 잘 산답니다."

모임에서 친구의 과묵함을 한 분이 소개하였더니, 그 곁의 분이 이렇게 말하였다. "나보다 말이 많군요. 난 출근할 때 아예 말없이 집을 나섭니다. 하루 두 마디면 넉넉해요."

그러자 또 다른 분이 거들고 나섰다. "나는 오직 한 마디뿐이에요. 이제 말이 필요 없어요."

나이가 들수록 말수가 적어진다는 말인가? 하루 세 마디 말을 한다는 사람은 40대, 두 마디면 넉넉하다는 사람은 50대, 한 마디면 족하단 분은 60대였다. 나이가 들면 줄어드는 것은 새벽잠이요, 느는 것은 잔소리라 했거늘, 말 많은 세상에 어떻게 이분들은 입을 꽉 틀어막을 수 있었다는 말인가?

과묵은 덕의 소치이며, 수다보다 낫다. 부부가 정이 들어 오래 살다 보면 얼굴 생김새도 빼닮고 생각하는 틀도 닮는다. 눈빛만 마주치면 의사소통이 되는 마당에 과연 얼마나 많은 말이 필요하겠는가.

이런 연유로 나이가 들면서 부부간에 말수는 세 마디, 두 마디, 그리고 한 마디로 줄어드는 대신 눈빛은 점점 더 맑고 부드러워지는 것이다. 체험적 진리는 대개 나이가 말해 주는 것이어서 젊어서는 잘 모르는 일이다. 젊어서 말이 많던 사람이 나이 들어서야 겨우 자기의 입에 덕의 재갈을 물리게 되는 것이니, 과묵이란 지혜의 소치라고 하겠다.

그러나 경우에 맞는 말, 은혜로운 말, 즐거운 말, 사랑의 말은 아로새긴 은쟁반에 놓인 잘 익은 사과와 같다는 가르침도 있는 줄 안다. 긴장을 풀어 주고, 길을 평탄케 하고, 하루를 빛나게 하고, 축복을 주는 사과다.

내 입에서 나오는 말이 사과처럼 빛나고 아름답기를 바란다. 그래서 때론 청산유수처럼 말을 뱉어 내기까지 하였지만, 덕과 지혜가 부족한 바에 아예 과묵하고자 노력해 왔다. 이것이 나의 사과이다.

"말로써 말이 많으니 말을 말까 하노라."는 옛시조가 생각난다.

(2006)

컴퓨터시대의 백락

컴퓨터에 이상이 생겼다. A/S하는 젊은이는 잘 하면 10% 정도는 건질 수 있다고 말하였다. 강의록과 연구자료와 일기 등이 허사가 되지 않느냐 생각하니 아찔하였다. 화재나 지진으로 가산과 부모형제를 잃은 사람들의 심정이 이렇겠거니 싶었다. 눈물이 쏟아질 지경이었다.

내 안색을 살피더니, 젊은이는 전문가를 불러서 자료를 일부라도 더 살려 보자고 말한다.

"천만 번 그렇게 합시다. 하나밖에 없는 자료들이니. 제발 살려 봅시다."

내 분신들이 날아가 버린다면 난 허깨비에 불과하다! 나의 분깃! 나를 지탱해 주던 의식과 일과 흔적이 감쪽같이 사라져 버린다는 생각에 혼절할 지경이었다.

그런데 왜 날벼락이 떨어지는지를 모르니 답답한 노릇이었다. 젊은이는 하드에 문제가 있어서 그럴 것이라고 하였다. 하드라는 것은 그저 넙적한 판때기 같은 것이니 내 머릿속에 그려지는 것이 없었다. 회로와 교차의 축적으로 시스템과 언어체계와 논리를 정교하게 구축한다는 하드. 그렇다면 무엇이, 왜, 어떻게, 잘못되었다는 말인가.

사람은 가끔 졸기도 하고 허튼 생각도 하면서 일말의 실수를 저지른다. "작업조건을 개선하라. 급료를 올려라." 주장하며 파업을 하기도 한다. 내 컴퓨터의 회로와 부품이 하필 오늘 졸거나 허튼 생각을 하였거나 파업을 감행하였다는 말인가. 신고하고 준법투쟁하고 냉각 기간을 갖고 협상에 협상을 거듭하여 타협에 이르는 것이 노사쟁의의 절차다. 타협에 이르지 못할 때, 비로소 파업으로 실력행사에 돌입하는 것이 상례이다. 그런데 내 컴퓨터는 사전통고나 협상도 없이 벼락치듯 일을 저질러 놓았으니, 아무래도 믿을 만한 놈이 못 된다. 상종하기 힘든 녀석 아닌가.

녀석은 사람이 만든 것치고는 걸작이 틀림없다. 우선 일의 정확한 처리 능력은 손꼽아 줄 만하다. 아무리 훌륭한 계산가도 녀석의 산수를 따를 수 없다. 잘 훈련된 무용수나 체조선수도 같은 동작을 몇 차례 되풀이하면 싫증을 내는 법이건만, 정교한 반복작업을 염증 내지 않고 수만 번 되풀이하는 인내력도 쳐줘야 한다. 그리고 녀석의 장래는 더욱 유망하다는 것이 일관된 내 의견이다. 제3의 물결, 멀티미디어, 정보시대, 우주시대란 순전히 녀석의 등장과 위업을 선언하는 말이다. 녀석의 등장, 역사책에 반드시 올려야 할 사건이다. 산업혁명과 핵폭탄보다 더 큰 물결을 불러일으킬 불세출의 등장이었다.

한편, 오늘 녀석이 부린 행패는 간혹 소개되는 천재들의 우스꽝스러운 언행과 비슷하다는 생각을 해보게 되었다. 쟁의신고, 협상, 냉각기와 같은 시나리오를 싹 무시해 버리는 놈. 천재들에게 이따위 절차를 요구하는 것은 처음부터 무리 아닌가. 그들에게는 높은 자유와 인내의 시간을 허용해야 하는 게 아닌가.

　어떻게 하면 말썽꾸러기 천재 녀석을 잘 부리고 협조를 받아 낼꼬? 이것이 나의 당면한 문제가 되었다. 세상에 백락(伯樂)이 먼저 있어야 천리마가 있다는 한퇴지(韓退之)의 언설을 씹어 볼까. 내가 백락이 되어 녀석의 능력과 기분을 눈치껏 살펴서 부려야 할 것 같았다.

　"아무쪼록 자료는 디스켓에 따로 복사해 두셔야 합니다."라고 젊은이가 일러 주었건만, 설마 천리마에게 이따위 행패를 당할 줄을 누가 알았으랴.

　생각해 보면, 아무리 천리마한들 과도한 업무를 감당해 내는 일이 어찌 힘에 부치지 않으리요. 아무리 가슴이 없다한들 이 불세출도 어찌 지치고 병들지 않으리요.

(1994)

IT시대의 언어 유전자

생물학적 개념을 차용하면 알파벳은 언어의 유전자이며, 언어는 문화의 유전자라고 할 법하다. 한 생물을 규정하는 유전자는 매우 안정적이다. 이에 반해 언어는 생물 유전자보다 돌연변이가 심하다. 1933년 제정된 한글맞춤법통일안이 1989년 현행 한글맞춤법통일안으로 개정되었다. 이는 전자전달 단백질인 치토크롬 C의 아미노산 잔기 하나의 돌연변이에 수백만 년이 걸리는 것과는 확실히 비교된다. 어법 진화의 속도와 범위가 훨씬 빠르고 다양하다.

돌연변이는 진화의 추진력이다. 인터넷 시대에 언어의 진화 속도는 가히 광속이다. 신조어의 출현빈도가 매우 높다. 인터넷 문자는 짧고 함축적이며 은유적이다. 문법을 초월한다. 돌연변이 추세는 조절을 벗어났다. 신조어의 탄생과 기성어의 사멸을 두려워하거나 걱정한들 소용없다.

순간순간 새 단어와 새 문장이 발생되는 IT시대. 접속의 시대. 전자 끈의 시대. 새 문장은 신사상이며 신생물이다.

언어 진화의 압력은 IT기술에서 폭발적으로 촉발되었다. IT는 형체도 없는 전자 끈으로 시공을 초월하여 사람을 접속시켰다. 여름날 소낙비같이 단어와 문장들이 쏟아진다. 사고와 접속과 소통의 잔재가 흙탕물과 부유물을 이루며 휩쓸어 간다.

범람과 소용돌이 속에서 살아남기란 보통 어려운 게 아니다. 언어의 수명은 극히 짧을 수밖에 없다. 자연에서 벌어지는 무수한 돌연변이가 그러한 것처럼, 대부분이 선택되거나 고정되지 못하고 사라진다.

자연 선택과 사회문화적 선택에는 동일한 원리가 작동한다. 유전자는 스스로 이익을 창출할 때 선택되고 살아남는다. 마찬가지로 단어와 어법이 수용되어 널리 활용되느냐 마느냐, 이것이 문제다. 구조의 사회성, 상징성, 독립성, 유통성, 매체 적합성과 상관이 있다. '멘붕'이나 '까도남'은 사회성이 강한 신조어다. 이들 유전자는 살아남아 복제되고 있다.

암수 쌍을 구별하는 말들을 보자. 수컷·암컷처럼 거센소리로 되는 수캉아지·암캉아지, 수퇘지·암퇘지, 수평아리·암평아리 등이 있는가 하면, 수놈·암놈처럼 어형 변화 없이 수고양이·암고양이, 수벌·암벌, 수송아지·암송아지 등으로 쓰는 쌍도 있다. 숫양·암양, 숫염소·암염소, 장끼·까투리 쌍도 있으니 제법 헷갈린다. 그러나 이것이 현재 생존이 보장된 단어이며 어법이다.

암수는 각자 자연적 대응물을 가졌다. 그만큼 생존의 확률이 높다. 암컷과 수컷 사이에는 생물학적 문화적 경계가 있다. 난자를 만드는 것을 암컷, 정자를 만드는 것을 수컷이라고 할 때, 이는 생물학적 경계를 의미한다. 육아와 가사를 담당하는 아내, 밖에서 돈을 벌어 가정을 돌보는 남편, 이는 사회문화적 경계이다. 숫총각·숫처녀는 어떤 상태와 가능성의 개폐와 관계있다. 따라서 어법이 복잡하게 진화될 수밖에 없다.

여기에 언어 없이는 사회도 성립할 수 없다는 관계를 인정한다면, 세상물정과 사상을 담아내는 그릇으로서 언어의 진화는 문화와 과학기술의 진보에 뿌리를 박고 있다. 사회의 복잡성 복합성 다층성은 곧 언어의 숲이 된다.

두 가지 진화압력이 있다. 하나는 언어 자체의 능력이며 다른 하나는 문화와 과학기술의 능력이다. 언어의 본질적 자기창조능력에 힘입어 언어는 기호로써 기호를 불러내고 대상을 조작하고 규정한다. 기호의 기호로써 사유 능력이 그것이다. 나아가 자연을 보다 엄밀하게 묘사해야 하는 요구가 커질수록 언어 유전자는 더 큰 진화압력 아래 놓이게 된다.

언어 유전자의 활력이 사유의 활력이며 문화의 활력이다. IT 시대, 새 사유와 새 문화로 접속하는 대로가 뚫린 것인가.

(2013)

입시 추위 소고

　신묘한 일이다. 여지껏 온화하던 날씨가 대학수학능력고사를 하루 이틀 남기고 어찌 안면몰수하고 대번에 추워진다는 말인가.
　이번도 예외는 아니어서 엊저녁부터 찬바람이 세차고 첫 눈발이 흘끔 비치더니 진눈개비까지 뿌려 대지 않았나. 첫눈은 서설이라 하여 자고로 환영해 온 터이지만, 시험날 내리는 눈은 첫눈일지언정 환영하기 어렵다. 이는 불순한 훼방꾼의 소행이 틀림없다. 자녀들이 수험날 당할 고통과 중압감을 생각하면 싸늘한 날씨는 원망의 대상이 되고도 남는다.
　수험날은 왜 이렇게 춥고 불순해지고 마는가. 이에 대해 그럴듯한 주장이나 속 시원한 가설이 있을 법하지만, 밝혀진 게 아직 없다. 시험을 앞두고 당일 날씨가 어떻게 되나 하여 안절부절 노이로제 증상까지, 국민의 건강이 염려되는 현실을 감안한다면, 이렇다 할 연구보고가 없는 현실이 개탄스럽다.
　그럴 만한 까닭이 있을 것이다. 수학능력고사는 양과 질에서 쪽지시험이나 기말고사와는 판이하여 유치원 1년, 초등 6년, 중고등 6

년, 도합 13년에 걸친 방대한 학습 체험과 고등한 내용을 담고 있을 뿐만 아니라 수험생과 가정의 행복에 지대한 영향을 미치는 중대사이다. 따라서 연구자의 부담이 너무 크다. 게다가, 일기는 오감과 칠정오욕의 감정을 지닌 생물이라는 통보관 씨의 주장이 꽤 설득력을 얻고 있는 바, 이 또한 함부로 다루기 어려운 부분이라 하겠다. 이렇게 수능고사의 엄중한 위상과 통보관 씨의 주장 등이 얽히고설킨 탓에 용기 있고 통찰력 있는 연구자가 아니라면 섣불리 연구주제로 다루기 어렵다 하겠다.

비록 사정이 그렇다 할지라도, 수능시험과 일기와의 상관에 관한 연구가 도통 없다는 것은 수험날 일기가 반드시 불순해지는 것만큼 신묘하다 아니할 수 없다. 이에 비록 통찰력과 전문지식이 불충하지만, 이미 수능고사를 치른 자식을 둔 아비였던 탓에, 고심해서 정리해 둔 점을 조심스럽게 피력하는 바이니, 강호제현의 질책을 바란다.

수능은 백일, 돌, 성인식, 결혼, 회갑, 상례, 제례 등과 같이 인생의 통과의례의 하나다. 따라서 여기에는 반드시 경하와 위로와 격려가 따르는 법이다.

이날의 정경을 잠깐 살펴보자. 매스컴은 일제히 수험생들의 긴장과 중압감을 위로하며, 소화가 잘되는 음식을 소개하고, 평소 입던 옷을 입을 것과 손에 익은 책으로 가볍게 훑어볼 것 등 가지가지를 세세히 당부한다. 학부모들은 통과의례를 위해 새벽기도를 드리고 도시락을 싸고 옷가지를 정성껏 준비한다. 그리고 당사자들은 종일토록 단정하고 냉정한 정신력으로 시험을 치러 낸다. 어스름이 빙판길에 깔리는 저녁때 자녀들이 고사장에서 모두 승리하고 돌아오면, 가정엔 비로소 감사와 안도감으로 화색이 돈다. 만족과 평화가 온 나라를 감아 싼다. 두루 통과의례에 대한 축하와 감사와 격려 그 자체인 것이다.

이렇게 중차대한 고비에 통보관 씨의 주장대로 오감과 칠정오욕을 지닌 일기인 바에 어찌 "난 몰라." 하고 지나칠 수 있겠는가. 일기는 우주만물의 어버이가 아니신가. 수험생들은 우리의 자녀들이지만, 생각해 보면 일기의 자녀들이지 않은가. 일기는 우리와 마찬가지로 당신 자녀들의 통과의례를 경축하여 축의와 사랑을 보내고 싶었다. 사랑스런 자녀에 대한 지극한 관심과 의무를 다 하고 싶은 것이다.

그럴 바엔 추워질 수밖에 다른 방도가 없다. 겨울에 기온을 따뜻하게 올리는 것은 에너지 지출과 생태계에 미치는 부작용이 심각하기 때문에 경하의 표현수단으로서 결코 적당하지 않다. 그것은 수능고사를 여름에 치르는 경우를 가상해 보면 금방 이해가 될 것이다. 여름에는 반드시 무더워지는 것으로 통과의례를 치하할 것이다. 이 점에 내기를 걸어도 좋다. 아울러 이 가설을 발전 전개하는 후속 연구가 이어지기를 충심으로 바란다.

이제 여러분은 입시추위의 내막을 그런대로 이해하셨으리라. 다소 불편하더라도 수험날은 내복을 껴입고 목도리를 감아 매고 마스크를 하는 편이 낫다. 도로가 얼어붙어 빙판이 되고 자동차는 거북이걸음을 하는 때도 종종 생긴다. 그러니 일찍 집을 나서서, 대중교통을 이용하여 시험장에 가는 게 좋다. 이 의례는 국가의 중대사이므로, 시험과 비교적 관계가 적은 국민 여러분은 아침 출입을 자제하여 수험생들의 통행에 최대한 협조하는 게 도리다.

다시 한 번, 수험날 일기에는 여느 때보다 고상한 품격과 배려가

넘치고 있음을 명심하여야 한다. 수험날 눈이 날린다 해도, 칼날 같은 북풍이 몰아친다 해도, 환대하여야 마땅하다. 불순하고 비정한 훼방꾼이 결코 아니다. 자녀들의 통과의례에 대한 심심한 사랑과 경하인 것이다. 큰 시험을 앞두고 자녀들과 학부모들이 겪은 중압감과 노고를 위로하고, 그로부터의 해방을 경축하는 차가운 꽃다발인 탓이다.

여러분이시여, 오늘처럼 뜻깊지만 견디기 힘든 날, 불순한 날씨가 보내오는 각별한 경축의 화환을 기꺼이 접수합시다. 그는 오욕칠정을 지닌 우리의 부모이며 형제입니다.

(1998)

인물사진

앨범을 넘겨보며 작은 만족을 느끼는 때가 있다. 가족과 친구들의 환한 모습을 보노라면 마음속에 잔잔한 기쁨이 일렁인다.

한때 사진을 배우고자 닥치는 대로 찍어 본 적이 있다. 근사한 것을 찍어 놓고 멋진 사진을 기대하며 느끼는 흥분은 자못 크다. 하지만 인화해 받아 놓고 보면, 머릿속에 그렸던 것과는 다른 그림이 되어 있다. 사진 속에는 촬영할 때 미처 못 보았던 것들로 어지럽다.

자기 좋은 것에 눈을 빼앗기면 다른 세세한 것들은 눈에 들어오지 않는 법. 아름다운 조형과 순간을 카메라에 담고 싶은 강렬한 감정에 휩쓸리다 보면, 비록 순진무구(純眞無垢)한 탐닉의 재미로 사진을 한다고들 말하지만, 사진은 엉망이 되기 쉬웠다.

사진작가들의 종국적 관심은 인물이다. 사람이 사진예술의 최후의 탐구 대상이라는 말이다. 사람이 관심이다.

일생 동안 장구하게 나의 관심을 사 온 것은 무엇일까. 그것은 사람이었다. 유유상종이라는 말이 있듯이, 원숭이는 원숭이에게 최대한의 관심과 애정을 가질 터이고, 독수리는 독수리에게 제일의 흥미와 애정을 가질 터이니, 내가 사람에게 항구적인 사랑과 관심을 가져왔다는 것은 당연하다. 어쩌면 한갓 생물학적이요 자연발생적인 것이라고 하겠다.

사람 가운데 태어나서, 사람 가운데서 더불어 살다가, 사람 가운데서 눈을 감는 것이 인생의 결론이다. 사람을 '모친과 부친의 가랑이 사이에서 태어난 존재' 또는 더 일반적으로는 '사람과 사람의 사잇존재'라 하여 한자로 '人間'이라고 썼던 것이니, 어찌 예술가가 아닌 범부라 해서 사람에게 관심이 적을 수 있겠는가.

그뿐 아니다. '인간은 만물의 척도'라고 하는 오만한 주장이 말해 주듯이, 모든 가치의 중심에 인간이 자리하고 있다. 철학과 역사와 심리학과 사회학과 경제학의 명제도 인간이며, 화학과 생물학과 물리학의 종국적 관심도 인간이다. 모두 다 인간의, 인간을 위한, 인간에 의한 학문인 것이다. 교육의 중심에, 진선미(眞善美)의 중심에, 사색의 중심에, 출세와 명예의 중심에, 권력과 치부의 중심에, 종교의 중심에 모름지기 인간이 자리 잡고 있다. 목숨을 걸고 사자와 혈투를 벌이는 사냥꾼의 종국적 관심도 결국 인간에게로 돌아오는 것이니, 어찌 사람에 대한 나의 관심이 한갓 생물학적인 수준에만 머무른다고 할 수 있겠는가.

게다가 조물주의 가장 노심초사하여 빚어낸 존재가 인간인 바에야 '인간이야말로 지고지선미(至高至善美)의 본질이다.'라는 인간의 자존심을 한껏 부추기는 주장까지도 인간에 대한 관심을 부채질하는 셈이니, 사람으로서 만일 사람에게 관심이 적다면 어찌 인간의 도리와 예의를 다 하였다 할 수 있겠는가.

거간 사정이 이러하므로 '필부필부(匹夫匹婦)의 최대의 관심도 결국은 인간이다.'라는 결론에 도달하게 되는 것이니, 사진예술가의 최고 주제가 사람이라는 주장에 결코 놀라거나 이상해 할 것이 없다.

조선을 개국한 이성계가 친구 무학대사에게, "오늘 보니 당신이 늙은 수퇘지로 보이는구려." 하고 말을 걸었다. 무학대사 왈 "부처님 눈에는 모든 것이 부처님으로 보이고, 돼지 눈에는 모든 것이 돼지로 보인다네."라고 응수하였다.

자, 어떠한가? 문제는 어떤 관심이냐. 관심의 빛깔은 드러난 대상과 인식에 강한 영향을 미친다. 색안경의 색깔에 따라 대상의 빛깔이 달라지는 것과 같은 이치이다. 어떤 관심으로 사람을 보느냐가 중요하다. 성악설과 성선설, 사람을 도구로 보느냐 목적으로 보느냐, 하는 논쟁들은 인간에 대한 관심의 색깔을 말한다.

나는 선한 눈으로 보고자 하는 사람이다. 추악한 음모는 추잡한 세상을 조장하게 될 것이고 고귀한 선덕(善德)은 살맛나는 세상을 만들 것으로 믿는다. 선은 반드시 보상 받는다는 신념을 가지고 있다. 그러나 선한 관심이 단순하게 득세하는 그런 세상은 결코 아닌 것을 잘 안다. 선-악이 그런대로 평형을 유지토록 공을 들이는 신묘한 조화옹(調和翁)의 노고에 감탄사를 바치게도 되었다.

사람에 관한 나의 지대한 관심은 자연스럽고도 본질적인 것이며 문제될 것이 없다. 오히려 염려되는 바는 때때로 감기약을 먹으면 밥맛 떨어지듯 관심이 뚝 떨어지는 일이 있었다는 것이다. 연민이나 애정, 신뢰, 외경심 또는 이해심의 상실은 두려운 것이었다. 그것은 바로 삶의 포기나 저주와 같았으니, 통렬한 병마의 고통을 불러왔었다.

그러니 사람에 대한 관심은 선택이 아니라 필수였다.

더욱이, 나는 교수로서 대학생들을 가르치는 입장이 아닌가. 나는 대학생들을 사랑한다. 나는 친구들을 사랑한다. 나는 관심의 상실을 이겨 내고 마침내 인간을 사랑하였다.

내가 찍은 사진을, 예술가의 영원한 주제라는 인물이거나 흔한 풍경이거나 간에, 사진틀에 끼워서 걸어 두는 일은 흔치 않다. 내 가슴 사진틀에는, 그것이 예술적이냐 아니냐와는 상관없이, 그동안 만났던 수많은 사람들의 고만고만한 초상들이 걸려 있다. 카메라로 찍은 사진도 좋지만 마음에 찍어서 간직한 사진도 좋다.

(1995)

청소

나는 지금 광기의 대청소를 하고 있다. 무엇을 어떻게 해야 할지 전혀 모르는 상태가 되었기 때문이다.

연구실과 실험실은 온통 뒤죽박죽이다. 진퇴양난의 지경이요, 사면초가지성(四面楚歌之聲)의 지경이다. 다 끝난 것 같다. 파장쳤다.

이럴 때엔 청소밖에 없다. 예닐곱 평쯤 된다. 연구와 사색이 발원하는 신성한 곳. 나의 전부인 자부심. 신성 공간에서 성취된 내 인생의 영광. 끝난 것 같다.

나만 열심히 하면 된다는 생각은 어리석었다. 내게 '좋고 잘한 것'이 남에게도 '유익하고 마음 편한 것'일 수는 없는 일이었다. 너의 불행이 나의 행복이 된다는 것을 인정해야 하였다. 싸늘한 바람이 밖에서 '안으로' 불어닥친다. 현장은 언제나 누구에게나 노출되어 있다. 내게도 마찬가지다.

소위 지성인입네, 하는 사람들이 시기, 질투, 모략, 불화, 쟁투하는 것을 보면서, 이곳이 대학인가 하는 의구심이 일었다. 내 자신도 가증스런 회오리바람 한가운데 휩쓸려서, 이를 갈며 저주와 앙갚음을 서슴없이 내뱉었다. 더 이상 마주칠 일이 없는 것처럼 눈알을 부라렸다. 붙기만 붙으면, 끝장을 볼 것처럼 타오르기 십상이었다.

그렇게 하고 나선, 모든 게 살자고 하는 짓거리였다고 치부한다. 잘해보자는 데서 생긴 발작이었다고 합리화시킨다. 고상한 연구실과 실험실도 결국은 삶의 방편이 아니냐고 단정 짓고 만다.

인간에게 사랑은 최고의 격조이지만 한편 광기이다. 사랑의 마술과 기적이 인간에겐 늘 있어 왔다. 사막에서, 에베레스트 정상에서, 태평양 상어 떼에 쫓기는 최후의 순간에도, 인간이 발휘하였던 것은 오히려 광기였다. 내 연구실이라고 예외는 아니다. 대신 사랑의 격조를 통하여 사해(四海)는 수평선을 유지하고 위대한 태양은 빛을 발휘하였다.

사랑은 무쇠 같은 냉혈의 지성을 녹이는 유일한 마술이다. 이 믿음조차 없다면, 사랑에 대해 편견을 가졌거나 사랑 유전자의 결핍이거나 사랑 바보일 것이다.

그러나, 나는 지성과 사랑에 지치고 절망하여 울면서 바닥을 쓸고 있다. 손에 쥔 것은 고통과 좌절, 슬픔과 눈물, 통탄과 절규의 빗자루뿐. 이럴 때엔 광기의 청소밖에 없다.

(2004)

자동출입통제장치

정문에 자동차 자동인식장치가 설치되었다. 통행하는 차량의 번호와 출입시간이 바로 뜨고 주차료가 바로 뜬다. 하루 출입하는 차량 대수, 시간대별 통행 차량의 분포, 교직원 차량과 외부 차량의 비율, 평균 주차시간, 주차료 수입 등. 교직원의 출퇴근 시간도 저절로 점검될 것이다. 이것이 정보화 세계의 한 단면이다.

컴퓨터를 켠다. 주소를 입력하여 찾아가면 사이버 세계의 문이 열린다. 거기에는 정보가 있다.

라디오를 켠다. 다이얼을 돌려 주파수를 맞추면 소리의 문이 열린다. 거기에 정보가 있다.

티비를 켠다. 채널을 맞추면 현장이 펼쳐진다. 거기에 정보가 있다.

정보와 지식에는 차이가 있다. 정보는 지식을 포함하는 개념이다. 고전적 지식은 유동성이 적었지만 현대적 정보는 유동성이 크다. 유동성이 포스트모더니즘이다. 미끄러지기 쉬운, 정형화를 거부하는, 변질되기 쉬운 정보를 우리는 먹고 산다. 정보는 힘의 원천이다.

정보에 눈을 뜨라. 정보는 돈이다. 돈은 힘이다. 돈은 고상한 것이 아니다. 정보는 결코 고상한 것이 아니다. 마찬가지로 힘은 고상한 것이 아니다. 그러므로 정보에 눈을 뜨라.

정보가 돌고 돈다는 것이 끔찍해 보일 때도 있다. 그것은 돈이 끔찍해 보이는 것하고 같다. 순간, 몸을 관통하는 수많은 신호들, 해독을 기다리는 욕망들!

(1998)

손님

여러 날 누워 지냈다. 앞만 보며 쉴 새 없이 일만 하던 기계에 이상이 생겼던 것이다. 지독한 유행성 감기에 걸렸다. 뼛속까지 사지가 쑤시고 몸뚱어리는 아파서 견디기 힘들 뿐만 아니라 골머리까지 패댔다.

일만 하고 산 것 같다. 내게 삶은 곧 일이었다. 운이 좋은 경우에도, 운이 나쁜 경우에도, 연구실과 실험실이었다. 한가한 시간은 오히려 두렵고 고통스러웠으니, 일에 최면이 걸렸던 것 같다.

몇 해 전 친구가 방문하였을 때, 함께 근처 유원지에 갔었다. 평일인데도 남녀노소 없이 많은 사람들이 쉬며 즐기고 있었다. 나는 몹시 놀랐다. 이렇게 일에서 벗어나 휴식과 여유를 만끽하는 사람들이 많다니!

쉴 새 없이 무엇인가 궁구한다며, 집과 연구실 두 점 사이를 왕복하며 살아온 생활. 빙글빙글 돌던 기계.

이렇게 하여 피로에 찌든 기계에 손님이 찾아드셨다. 손님은 내 삶에 조율을 요구하셨다.

병에 걸려 누워 지내는 것!

이것은 군주의 대권을 향유하는 것이나 다름없는 것. 집안 구석

구석 내려앉은 정적과 무서운 침묵 속에서 당당하게 누워서 자기의 주권을 즐기는* 대신, 나는 연구실과 실험실에 대한 염려를 떨치지 못했다. 나의 부재로 실험실이 엉망이 될까 봐 걱정이 태산 같았다. 기계들이 돌지 않고 딱 정지해 버릴 것만 같아 견딜 수 없었다. 연구원과 대학원생들이 슬슬 흩어져 버릴 것 같아 두려웠다. 내게 회람된 문건이 더 이상 돌지 않을 경우를 생각하면 진땀이 났다. 손님이 한없이 원망스러웠다.

누워서 깨닫는 것!

조금씩 안정을 회복할 수 있었으니, 하늘이 무너지고 땅이 꺼지지 않을까 전전긍긍하던 걱정은 기우(杞憂)에 지나지 않았다. 연구원과 행정직원이 간혹 걸어오는 전화는 무심한 일상 그것이었다. 야속하게도 세상은 나와 상관없이 여전히 잘 돌아갔다! 아무리 조바심을 쳐봐도 별 수 없다는 점까지 수용하게 되었다. 위대한 위인의 공백조차 눈 깜작할 사이 메워진다는 것을 눈치채게 되었다.

가는 손님 뒤꼭지가 예쁘다지만, 찾아오는 손님을 나쁘게만 보지 않게 되었다. 일병장수(一病長壽) 무병단명(無病短命). 손님이 간혹 찾아오면 장수하고 그렇잖으면 오히려 단명할 수 있겠거니.

손님은 삶과 건강에 대한 가장 영민한 예찰을 주인에게 전달하였다. 오, 손님의 지혜와 위로여!

(2004)

---

* 찰스 램의 수필 「회복기의 환자」에서.

친밀성, 접촉성, 친화도

베트남 부온마톳에서, 오토바이 물결이 흐른다. 두 친구가 달린다. 다섯 가족 아들 아빠 아기 엄마 아들이 달린다. 하나의 기계. 하나의 곳으로 달리는 길, 집 시장 친척 학교 공원묘지 세레폭강.

살갗-살갗의 마찰. 살과 살이 소통하는 소리. 체온의 교환. 친밀성. 가족의 가치.

문득 같이 올라타고 싶은 한 마음. 못 느껴본 지 얼마인가. 언제부터인가. 아들을, 아내를, 엄마를, 아버님을 못 느껴 보았다.

만지고 붙들고 스치고 붙잡아라. 저 오토바이 물결처럼, 저 기계 같은 사람들처럼, 사랑하고 붙들고 살갗을 교환하며 시장으로 가고 싶다.

타이응웬 정글의 나무들처럼 숲이 되고 싶다. 세레폭 강물처럼 함께 시원한 폭포를 이루고 싶다. 부온마톳 거리의 끝없는 오토바이 강물 그리고 폭포여!

(2011)

타지마할

 뭄타즈 마할과 샤 자한의 묘를 보고 울었다. 원수 같은 사랑이, 바람 같은 타지마할*을 울렸다. 미친 사랑이 야무나 강물 울리다 말리고, 이제 말이 없다. 눈물처럼 야무나 강물이 흐를 뿐. 위대한 사랑이 울었는지. 거룩한 것인지 속된 사랑의 광신인지. 물처럼 흐르는 사람들 사이로 흐르는 사랑이 내 것이 아닌 것에 흐느껴 나는 울고 있었다.
 샤 자한의 눈물은 말랐다. 세월의 모래 더미 속으로 스미고 하늘 마당으로 잦아들었다. 강 언덕 너머 그대의 꽃밭에는 이슬 머금은 히비스커스가 찬란하구나. 걸음을 못한 지 벌써 8년이 지났으니 너는 어느새 눈 밖에 났구나. 사랑은 시간보다 더 길다. 그것은 눈물보다 달콤하였구나. 밤낮 그대의 소식을 물었거늘 이제 그대와 영원한 시간을 누리겠구나. 타즈여, 사랑이여. 야무나여. 미친 사랑이었나? 집착이었나? 그건 그것이었나?
 한 남자의 집착, 불멸의 사랑의 꿈, 야무나 강의 마르지 않음, 피어오르는 아지랑이, 사랑의 길을 열어 주지 않는 반죽 같은 안개. 오직 영원한 대칭을 깨뜨리는 것, 뭄타즈와 샤 자한의 무덤, 그것이었나? 한 남자가 한 여자에게 바친 것. 한 여자는 한 남자에게 무엇을 바쳤을까?

    야무나 강 철교를 건너는 쇳덩어리 열차의 기적. 페르시아 정원에 물은 마르고, 유채꽃 들녘 흐드러진 노란 아지랑이 안개, 속에 제왕의 고독한 몸부림이 피었다.

(2012)

---

* 인도의 대표적 이슬람 건축. 무굴 제국의 황제였던 샤 자한이 왕비 뭄타즈 마할을 추모하여 건축하였다. 세계문화유산.

시간의 획득

생명이 주어진 존재, 인간은 어떻게 획득하는가? 외부로부터 물질과 에너지와 역사적 경험을 얻는 것이 첫 번째이다. 존재 유지 기술의 확보. 이것으로 시작된다. 시간은 그저 주어지는 것이 아니라 노력과 능력으로 확보하는 것. 건강을, 영광을, 위기탈출이나 회피를, 새로운 계획의 설계를, 무병장수를, 현세의 즐거움을 포함한다. 비록 기껏 100년 안팎이지만. 어떤 것은 그 시간이 역사가 되었다. 영원이란 어떤 경우에도 시간 이상이다. 벨루르 짠나께슈와라 사원에서 시간을 확보한 위대한 여인의 춤을 보았다. 시간 속에 파묻힌다 해도 영원을 확보하였다.

(2012)

명백한 것

모든 인간에게는 꼭 같은 사망이 준비되어 있다는 것이다. 뉴델리 YMCA 근처 강가강처럼 꺾여 흐르는 방글라 사히브 골목길, 번듯한 빌라촌 앞길에 줄지어 널브러진, 모포 한 장으로 추위를 꽁꽁 덮은, 낭인들인가, 도사들인가, 사두들인가, 일생 눈 한번 흘겨보지 못한 군상들이 꼼짝없이 잠들었다. 가난은 하느님도 어쩌지 못한다고, 가난한 자들은 늘 너희와 함께 있을 것이라고, 반얀나무 아래 오두막 사원의 신조차 헐벗었다고, 강가 강물의 길과 YMCA 사히브 골목의 길이 닮았다.

결론이 같으면 결국 같은 거. 시간이 일정 부분 상쇄시켜 줄 것.

나는 플래시 불빛에 의지하고 밤길을 더듬으며 걷는다.

아, 나는 왜 새벽을 기다리는가. 기다리는 그것은 무엇인가. 시간인가 신인가 사망인가. 눈 한 번 흘겨보지 못한 주제에 누굴 기다리는가?

손바닥만한 모포 한 장조차 거두지 못한 처지에 어떤 노래를 부르고 싶은가. 낭인들이 꿈틀거리며 일어나 모포를 접고 걷기 시작하기 전에 나는 떠나고 싶다. 플래시 불빛이 구원인 양 발걸음을 셀 뿐.

(2012)

아래를 내려다보다

　나는 구름 되어 날고 있었네, 인디아 대륙 위를. 하이드라바드를 지나 작은 마을, 학교도 없는. 푸른 내를 따라가면 작은 저수지들, 큰 저수지들, 이윽고 큰 내를 만나고, 강을 만나고, 마침내 큰 강을 건너네. 사각으로 자른 논과 밭들, 푸른 채소 노래하네. 좁은 길은 큰길과 만나네. 큰길은 고속도로와 교차하며 인사를 나누네.
　흰옷 입은 사람들이 모인 시장, 사람들 정말 많네. 자나가나마나의 합창 소리. 요란한 유원지에서 뿜어 올리는 분수와 춤. 환호성이 대륙에 넘쳐 울리네.
　야자나무 숲은 바나나를 키우는 곳. 주인 없는 암소가 그늘에 한가하네. 대평원은 허리를 굽혀 히말라야에 거룩한 자리를 비켜드리네. 영원한 지구의 어머니, 품에서 태어난 대륙은 늘 새롭다네. 광활한 데칸고원 위로 나의 길은 있네. 종종 피곤한 다리를 쉬어갈 곳 있네. 나의 그림자를 반가워하는 나의 특별한 친구들. 나는 영원의 대지 위를 걸어가네.
　명상. 생명 사랑 자연 수많은 신들과, 널브러진 사원들과, 순박한 사람들과, 그들의 카레도, 퓨리도, 도사, 로티, 퍼니어 마살라도, 시고 달콤달콤 수프도, 원기를 돋우어 주네. 짜이, 짜이! 파인애플 포도 청포도 바나나 망고, 대지의 기운을 안고 있네. 솟구치며 구름은 흐르며, 비가 되어 대지를 적시며, 강이 되어 강가의 영원 거룩한 영광에 합류하며, 암소의 호흡 속으로. 사람과 사람 사이를 오가는 공기의 증기로 윤회의 길을 걷고 있었네. 구름 되어 흐르는 길, 깐냐꾸마리 세 바다의 다른 물로 만났네.

(2012)

바라나시

어젯밤 시체를 태운 화장터 하리슈찬드라 가트 자리에 개들이 엉덩이를 붙이고 앉아 있다. 새벽 안개 속에 비는 뿌리고, 강가강 검은 물 위로 윤회의 불꽃이 종종 미끄러져 간다. 어디서 흘러온 것인지, 어디로 가는지, 여기는 어디쯤인지. 강물만이 넘실댄다.

흘러오는 길도 흘러가는 길도 그리고 그 허리도 보이지 않는 어머니 강가강의 길. 누구의 꿈도 소용없다는 게지. 자궁 안에 그저 있다는 게지. 강 비둘기들이 나 앉아 있다. 무심하다.

장작불이 사그라진 자리는 아직도 따뜻한가. 엉덩이를 붙인 채 움직일 줄을 모르고 서로 고개를 포개고 엎드린 윤회의 종자들. 시간조차 멀리 나앉은 채 삶은 확실하다. 강가의 검은 피부를 뚫고 하얀 놈이 뛰쳐 올랐다.

(2012)

마니카르니카

삶과 죽음이 같이 탄다. 향나무 장작불 위에서 한 줌 흔적마저 타고 만다. 타는 것은 시신이 아니다. 타는 것은 강가 강물이 아니다. 타는 것은 장작만이 아니다. 시신이 장작이다. 장작 아니었던 때가 따로 있었던가. 이미 거둔 삶이 장작불이지 않았던가.

허리가 먼저 재가 되고, 삐져나온 발목이 따로 타고, 오, 고뇌의 산실 지혜의 창고 대리석처럼 강고한 철석같은 믿음의 주머니 두개골이 빛도 없이 불타는구나. 그것은 장맛비에 젖은 장작이었다.

우주의 불꽃이 작은 불꽃을 태우는 순간이 이렇게 왔다. 사랑도 욕망도 해탈도 자유도 거룩함도 추잡함도 재물도 가족조차도 우주까지도, 불꽃 속에 재가 되었다. 놓여났다. 사라진 것들은 이제 진실한 존재를 회복하는 것.

나의 그림자는 가볍다. 산 자는 죽은 자를 버리는 것이고, 망자는 산 자를 떠나가는 것이다.

(2012)

웃는 거지가 더 번다

웃는 거지가 더 벌었다. 마이소르로 가는 길에서 젊은 여자가 왼팔에 아이를 안은 채 미소를 띠고 동냥을 할 때, 관광객들이 더러 동정의 손을 내밀었다. 억지웃음일지언정 웃음을 교환하기 때문이다.

그러나 나는 스리랑가나타스와미 사원 앞에서 웃는 거지가 아니라 반쯤은 땅속에 파묻힌 것 같은 불수의 몸으로 쪼그리고 앉아 검은 손을 내미는 노인에게 동전을 던졌다.

(2012)

줄지 않는 줄

기다림이란? 고통이기도, 설렘이기도, 목이 빠지기도, 교과서이기도….

뉴델리 외국인 여행자 매표소의 긴 줄은 설레기도, 지루하기도, 가슴 떨리기도….

누군가를 오래 참고 기다린다는 것이, 이렇게 떨리는 일일 줄이야. 줄은 더디 주는데, 그대는 날아오고 있는데. 공간을 극복하고 내게 온다. 같은 시간, 같은 공간, 줄탁동시의 환희의 창조! 어떤 사랑도, 타즈의 뺨에 흘러내리는 눈물 한 방울조차도, 내 작은 사랑과 비교할 수 없기를.

긴 줄은 그대를 기다리는 줄일 뿐, 다른 아무것도 아니다. 각자 다른 곳을 목적지에 적어 넣는 시간, 나는 그대 이름을 적는다. 포신이 길면 더 멀리 날아가는 포탄의 법칙. 기다림이 길다.

(2012)

마흔 시간의 버스 여행

아우랑가바드-아잔타-잘가온-둘레-아흐메나바드-우다이푸르-자이푸르-델리.

눈길 닿는 데까지 유채 꽃밭이다. 꽃대궁 위로 고개 내민 노란 꽃 모가지들이 서로 얽히는 모양이 귀엽다. 왜 거기 있느냐? 주인을 기쁘게 해드리려고. 어떻게? 좋은 열매를 맺어서-. 그러면 나는 왜 여기에? 신을 기쁘게 해드리려고. 어떻게? 글쎄요. 글쎄요. 사랑을 찾아서……

떠도는 별, 마흔 시간의 버스 여행을 상상해 보았나요? 그제 밤에는 삼태성이 내내 친구가 되어 주었다. 엊저녁은 샛별이……. 지상의 붙박인 별들, 그리고 떠도는 별들. 떠도는 별이, 떠도는 별을 세었네. 별이 빛나는 한 지상의 별 하나 결코 멈추지 않네. 사탕 밭을 지나, 아주까리 밭 지나, 강황 밭 지나, 밀 밭 지나, 망고나무들 지나…….

아름다운 여신 야자나무들이 이루는 풍요한 수풀! 헤아릴 수 없는 신당들 사이를 오가는 그림자들. 그 방랑을 상상해 보았나요?

그렇네, 방랑하는 별일세. 꼬박 이틀의 툴툴거리는, 먼지 날아 들어오는, 악취 스멀스멀 파고드는, 귀마개조차 소용없는 소음, 참아내야 하는 용변, 시간 모르는 정차와 발차, 배고픔은 증발해 버렸네. 노 플라블럼! 떠돌이별이여, 노 플라블럼!

　저 별들과 달은 나를 비추려네. 나뭇가지에 바람이네. 고요한 바람 속에 새들 날아오르네. 왜 거기 있느냐? 주인을 기쁘게 해드리려고. 어떻게? 멀리 더 멀리 날아가는 것으로……. 그러면 나는 왜 여기에? 신을 기쁘게 해드리려고. 어떻게? 글쎄요. 글쎄요. 사랑을 찾아서…….

(2012)

알라하바드의 길

알라하바드로, 바라나시공항에서 네 시간 택시를 탔다. 안갠지 매연인지 자욱한 반죽 속을 달렸다. 종종 서 있는 나무들은 그림자처럼 흔들렸다. 불쑥 사람이 튀어나오는 길섶, 이것도 안개 탓이다.

뉴델리에서 바라나시로 비행하는 동안 에베레스트 연봉들이 드러났다. 찬란한 존재, 태양보다 더 빛났다. 안개 위에 광휘를, 존재 너머 영원을, 바라나시는 알라하바드에게 건넸다.

이곳도 안개는 피하지 못하였다. 야무나강, 강가강, 그리고 상감. 거룩하여라. 성과 속이 섞이기가 이렇게도 어려운 것을! 기사는 클랙슨 없이는 운전을 못 하였다. 안개를 뚫는 일이 이다지도 고통스러웠다.

알라하바드로 가는 안개여! 쇠똥 떡 벼늘*이 높았다. 땔나무를 이고 오는 여인들의 긴 행열이 너무 가늘었다. 남정네들은 어디 갔나. 중앙분리대 위에서 새김질하는 소 떼들. 안개 속으로 걸어 들어오는 낯선 풍경들. 피할 수 없는 운명. 태양이 매일 떠오르듯이, 에베레스트 봉우리가 늘 거기 있듯이, 나는 여기 있었다. 알라하바드로 가는 길 위에 있었다.

(2011)

* 낟가리의 방언.

우수리스크의 왕버들

1

블라디보스토크 그리고 우수리스크. 2010년 7월. 농업기술실용화재단 박 본부장, 한국농촌지도자중앙연합회 김 사무총장과 현장교육 참관여행을 하였다. 블라디보스토크 공항은 비좁은 데다 수화물처리와 입국수속이 매우 느리다. 단정치 못한 직원들. 남성 직원들은 더 헐겁고 누추하고 흐릿하다.

고려인 장현철 씨를 만나 이동 중 어시장에 들러 게 다리 4개 사다. 대략 6만 원. 비싼 편. 소금에 절인 건어물들이 많다.

선창에서 바라보는 바다는 기름지다. 신선한 이국적 공기. 만(灣) 건너편에 산들이 공중에 쪽빛으로 떠 있다. 모래사장에서 해바라기하는 사람들, 젖을 내놓고 아이에게 물리는 여인, 모래밭에 곯아떨어진 주정뱅이, 키스에 몰입한 두 여자. 해변의 벤치에 앉아 맛보는 러시아 맥주의 끌어당김이 좋다.

프리모리예 호텔. 객실은 비좁고 낡았다. 김 총장과 한 방을 잡다. 13만 원/1박.

영사관 국장현 영사, 태경곤 부영사와 저녁식사. 국 영사는 담양, 태 부영사는 경주 태생. 끝내주는 맥주 맛. 북한식당이 근처에 있지만, 가지 않는 게 좋겠다는 당부다(천안함사건 관련인 듯). 북한 노동자들이 들어와서 주로 건설사업에 종사한다고. 2012년 개최될 APEC 준비를 위한 토목사업으로 항만을 가로지르는 대형 육교를 건설 중이다.

2

블라디보스토크 역은 시베리아 횡단열차의 시발역이다. 바로 곁에 동해와 속초를 오가는 여객청사가 있다. 러시아와 한국 사이에 정기여객선이 다닌다! 처음 알았다.

역 광장 맞은편 언덕에 서 있는 레닌의 거대한 동상. 오른팔은 한 방향을 지시하며 수평으로 뻗어 있고, 왼팔은 아래로 쳐져 있는데, 손에 쥔 것이 빵이냐 모자냐? 나는 빵이라고 우겼다.

김무영 총영사의 오찬 초청. 한식당에서 청국장을 먹다. 무안이 고향. 연해주 농업에 대하여, 자연풍광과 동식물에 대하여, 박식하다.

우수리스크로 가는 길 좌우는 우거진 숲이다. 기름진 토양을 만난 것이다. 김 총영사의 이야기대로, 숲 속에 큰 구렁이가 있고, 죽순같이 큰 더덕이 있고, 인삼과 산삼이 있고, 고사리가 무진장 있고, 고비나물이 있고, 게다가 사슴과 호랑이가 있고……. 그런데, 힘센 일제 자동차 랜드크루저(Landcruiser)로 종횡무진 사슴을 남획하는 바람에 호랑이 먹잇감이 줄어들었으니, 배고픈 호랑이가 마을까지 내려와 개나 말 등 가축을 해치는 사고가 종종 발생한다네.

    우수리스크 시내로 들어가는 길목에서 잠시 방향을 틀어 수이픈 강이 내려다보이는 자리에 서 있는 이상설 선생 유허비를 둘러보다. 세운 지 오래잖다. 선생은 자신의 뼛가루를 수이픈 강에 뿌려 달라는 유언을 하셨다. 발해 외성에 서서 멀리 아래에 펼쳐진 초원과 농경지를 바라다볼 때, 가슴 밑바닥에서 흰 구름처럼 일어나는 서늘한 기운은 무엇인가? 우리 조상의 활동무대였던 드넓은 땅.

    시내 고려인문화회관과 발해 유적 거북이 비석 기단을 둘러보다. 우수리는 평원 가운데 놓여서 안정감이 있으며 여유를 느낄 수 있다. 블라디보스토크의 교통체증과 좁은 비탈길에서 느끼는 피곤함이 없다. 나무들이 많다. 자작나무와 구상나무를 본다.

    가정집 같은 고려인 식당에서 개고기찜으로 저녁식사를 하다. 러시아인들도 개고기를 즐긴다. 한국인이 경영한다는 파라다이스호텔. 기분 좋은 사우나.

3

    밤이 되고 새벽이 오니, 대한주택건설사업협회 부설 우정마을 건설기지에 닿다. 해외농업개발 전문인력양성 동북아과정의 교육현장이다. 교육생들과 기념사진 촬영. 경상북도농업기술원 김형국 전 원장과 ㈜아그로 아무르 이석우 기술고문이 가장 연장자다. 충남동물

종합병원 정한영 원장도 교육생이다. 나머지 대부분은 대학생들이다. 실용화재단 전희중 박사와 한국농어촌공사 해외농업개발지원센터 이상범 과장이 교육의 전과정을 관장하고 있다.

소련 정부는 이곳 고려인들을 1937년 중앙아시아로 강제 이주시켰다. 1980년대 말 러시아연방의 해체라는 정치상황에 직면하여 중앙아시아 일부 고려인들은 다시 한 번 생존의 기로에서 역이주를 선택해야 하였다. 역이주 고려인을 위하여 주택건설사업협회에서 지원하여 만든 마을이 고려인들의 우정마을. 불행히도 한국이 IMF를 겪으면서 건설사업이 지지부진해지고 말았다. 현재 12가구가 집단농장 창고를 개조한 임시 거처에 정주하고 있다.

임시 거처에 들어갔다. 내부 공간이 툭 터져 있다. 밥 짓고 요리하고, 잠자고, 공부하고, 텔레비전 보고……. 모두가 한 공간에서 이루어진다. 한쪽은 온돌을 놓았고, 한쪽은 가온시설이 없다. 온돌은 겨울에 좋고, 한쪽은 여름에 좋다. 생존이란 얼마나 위대한 명제이냐? 밖으로 나오면서 김 총장에게 말하였다.

"살아남는 것이 첫 번째이지요. 이들은 살아남은 거지요. 승리자들이지요."

우정마을 주변에서 자작나무, 구상나무, 왕버들, 편백나무, 잣나무, 소나무 등을 보다. 구상나무 반갑다. 편백은 여전히 곧고 바르다. 자작나무를 실컷 볼 것으로 기대하였으나, 꼭 그렇지는 않다.

4

 오후 현지 진출한 기업농 관계자들과의 간담회. 동북아평화연대 장민석 전 소장과 동북아평화연대 연해주 김승력 사무국장의 주도로, 우리의 방문에 맞춰 2번째로 갖는 행사다. 김 총영사를 포함한 영사관 직원들도 참석하다.
 각자 자기 사업의 현황을 소개하다. 아그로 애리카 이종선 사장(파라다이스 호텔 경영) - 콩 600ha, 감자 50ha, 유기농으로, 7.5ha 대두 파종 완료하였다.
 아그로 상생 임희택 소장 - 콩 17,000ha 파종 목표 가운데 13,000ha 완료. 밀, 보리, 귀리, 벼를 재배한다. 총 140,000ha의 경지를 확보하였다.
 에코호즈 최영훈 부장 - 최신형 장비 구입, 그러나 장비 관리, 수리 서비스, 기사 운영의 어려움을 겪고 있다. 유기콩 1,100ha, 일반콩 200ha, 티모시 600ha 파종하였다.
 현대 아그로 김용진 부장 - 콩 3,100ha, 옥수수 400ha, 유채 60ha 파종 완료. 무경운 재배 시험 중이다.
 아그로 ARRO 김경덕 사장(동해-블라디보스톡 여객선 경영) - 농기계 문제, 한국으로의 곡물 수출 문제, 대단위농장의 농업기술 문제 등의 현안 제안하다.
 필링코농장 관계자의 설명에 이어서, 고려인이 만든 연해주 청국장, 된장, 조선간장을 동북아생협 직거래장터 사회적 기업 ㈜바리의 꿈 김영숙 이사가 소개하다.

상상해 보자. 얼마나 큰 농장 규모인가. 14만ha란 전라북도의 논농사 면적과 맞먹는 규모다! 또 하나, 파종하기란 얼마나 중요하고 힘든 작업인가. 여기서 파종이란 곧 수확을 의미한다. 때를 만나지 못하면 파종하지 못한다.

내가 말하였다. 1) 농업은 문화산업이며 지식산업이다. 자긍심을 가지고 이 사업을 펼치실 것으로 안다. 2) 해외농업개발과 해외식량기지개발 사업에 관한 정부의 정책을 잘 살피고 적극 활용하시면 유익할 것이다. 3) 우리 농업기술은 대한민국의 국격을 널리 선양해 왔다. 현지 진출 기업농산업은 국격산업이다. 현지인들과 협동하고 상생하는 길을 모색해야 한다. 함께 가야 한다. 수탈해서는 멀리 못 간다. 4) 우수리스크 진출 한국 농업인들이 함께 모여 서로 노하우를 나누고 상생하고 협동하는 것을 보고 감명 받았다. 무궁한 발전을 기원한다. 자랑스럽다.

기업인들과 교육생들이 어우러졌다. 임희택 소장, 김용진 부장, 전희중 박사는 서울대 농대 출신들이다. 저녁식사 푸짐하다. 개를 한마리 잡았다. 보드카의 찢는 맛이 일갈. 우수리스크 호텔에 묵다.

5

또 밤이 되고 아침이 오니, 바즈니시엔카 마을 근처 현대아그로 농장과 및 그리고리에프까 마을 부근의 에코호즈 농장(서울사료)을 교육생들과 함께 답사하다. 끝이 보이지 않는 콩밭. 트랙터 2대가 제

초작업을 하고 있다. 까맣게 점이 되었다가 다시 돌아오는 거대하고 착한 기계. 교육생들은 기계 위에 올라가 운전자와 말을 걸어본다. GPS 시스템을 활용하여 파종, 제초, 수확 등의 농작업을 한다. 골이 너무 길기 때문이다. 점질토여서 배수가 관건이겠다. 콩이 잘 자라고 있다. 옥수수도 좋다. 무경운재배 현장도 관찰하다. 좋은 시도라고 말해 주다.

농장 주변에 엉겅퀴와 헤어리벳지가 눈에 띈다. 들판 가운데 경계목으로 또는 그늘막으로 종종 서 있는 나무는 왕버들이다. 왕버들을 자작나무보다 자주 만났다. 습지와 도랑을 따라, 들판에 흔히 자라는 탓. 무등산 충효동 거목 왕버들이 생각나다. 농장 주변에 자라는 초생들은 한국의 그것들과 거의 같다. 이름을 모르는 탓에 다 열거하지 못하는 것이 아쉬울 뿐. 쑥, 엉겅퀴, 헤어리벳지, 개망초, 참나리, 구절초, 꿀풀, 기린초, 민들레 등을 보다. 강아지풀, 억새 등 화본과 식물들은 거의 같아 열거할 필요가 없다.

6

난 거의 정신이 없었다. 한없이 펼쳐진 광활한 대지의 정신이 나의 혼을 빼앗아 버렸다. 완전히 홀리고 만 것. 땅에 대한 갈증이 단번에 머리끝까지 밀고 올라와 뚜껑을 열어 버린 것인가. 그것만이 아니다. 밀밭 위로 스치는 향기로운 바람. 드넓은 평원에 널린 무수한 꽃과 풀들. 부드러운 햇살. 폐부까지 깊이 스며 오는 시원한 공기. 멀리 보이는, 들판에 간간히 홀로 서 있거나 습지 변두리에 무리 지어 자라는 왕버들의 풍요로움. 자유혼을 일깨우는 것들. 지평선 너머까지 나의 영혼은 기뻐하고 즐거워한다. 투르게네프의 산문시 「마을」의 이미지와 풍경을 비로소 느낀다.

    온통 파랗게 물든 하늘, 그 위에 외로이 떠 있는 구름 한 점, 흐르지도 않고 녹아내리지도 않는다. 바람 한 점 없는 따사로움. 대기는 갓 짜낸 우유와 같다!
    종다리는 지저귀고 비둘기는 가슴을 불룩이며 구구 울고, 제비는 소리도 없이 유유히 날고, 말은 콧바람을 불며 풀을 씹고, 개는 서서 정답게 꼬리만 흔들 뿐 짖지도 않는다.*

    현대아그로 본부는 거대한 농기계들의 집합장이다. 줄지어 서 있는 곡물저장 사일로들. 하나당 1만 톤 규모다!
    돌아오는 길에 노천탄광 현장을 보다. 앞으로 300년은 더 캐낼 유연탄이 매장되어 있다니. 우수리스크 호텔.

7

    다시 밤이 되고 아침이 오니, 귀국이다. 블라디보스토크로 향하기 전에 장민석 씨의 도움으로 우수리스크 시내에서 러시아 인형 마트료시카를 사다. 특별한 인형 세트다. 인형 속에 인형 속에 인형 속에 더더더 작은 인형 속에 더 작은 인형이 들어 있다.

　갈 때 대한항공 2시간 50분 비행, 올 때 블라디보스토크 항공 2시간 20분 비행. 국적 항공은 북한 영공을 통과하지 못하지만, 러시아 항공은 통과한다는……. 천안함 사건 이후 남-북 관계는 더 불행해졌다.

　비행 중 내내 마트료시카를 만지작거리다. 바깥 가장 큰 인형이 그 속에 안고 있는 작은 인형을 인식하지 못하는 것처럼, 우주를 품었지만 신은 영원히 인간의 투쟁의 세계를 이해하지 못할 것이라는 생각.

(2011)

* 투르게네프의 산문시 「마을」에서.

몽당연필 끼우개

지난여름 일본 방문 연구 때, 문구 코너에서 아주 희귀한 것과 조우하였다. 모처럼 향수에 젖도록 하는 것이었는가 하면, 일본을 조금 이해할 수 있게 하는 것이었다.

희귀한 그것이란 실은 대단한 것이 아니다. 쓰다 짧아진 몽당연필을 꽂아서 쓸 수 있도록 만든 간단한 필기보조도구 몽당연필 끼우개였다.

호암마을에는 대나무가 흔했다. 나는 손에 맞는 굵기의 대나무를 연필 온 자루 크기로 잘라 끼우개를 만들어서 몽당연필을 끼워 썼다. 그렇게 하면 고무꼭지만 남을 때까지 쓸 수 있었다. 대나무로 연필 끼우개 하나만 장만하면 제법 오랫동안 썼다.

비단 나만 그랬던 게 아니라 동네 또래들이 다 그랬다. 연필 끼우개 만드는 법은 형이나 아버지에게서 배웠다. 손아귀에 착 들러붙도록 다듬어진 연필 끼우개에는 말하자면 형이나 아버지의 손솜씨까지 가미된 정분이 담긴 것이었다.

그때는 연필과 칼이 형편없었다. 깎다 보면 나무쪽이 절반으로 딱 벌어져 검정 심이 다 드러나고, 흑연 심은 버석버석 떨어져 나가 버렸다. 새로 한 자루 샀다 해도 정작 이런저런 이유로 절반도 채 못 쓰는 일도 있었고, 아예 써 보지도 못하고 내버렸던 일도 있었다.

연필을 그런대로 쓸 만하게 깎았다 해도, 어쭙잖은 품질을 어찌 필설로 다 형용하리요. 글씨를 쓰랴 하면 반드시 거쳐야 하는 곳이 있었는데, 소년 소녀의 연한 혓바닥이 아니었던가. 그대로 써서는 희미해 알아볼 수 없으니 자연히 입안의 침을 발라서 썼던 것이다. 어른이 되어서도 가끔 연필에 침을 발라서 글씨를 써 보기도 하는 것은 그때가 좋이 생각나는 탓이다. 보잘 것 없는 몽당연필이지만 함부로 버리지 않고 손봐서 끝까지 사용하려 했던 검약하는 마음가짐을 되새겨 보는 것이다.

요즈음은 자동연필깎이까지 나와서 깎는 일이 수월해졌다. 마음을 진득이 가라앉히고 손수 연필을 깎는 재미나 손솜씨를 익힐 재간이 없어져 버린 것을 안타까이 여기는 지경이 되었다. 다들 형편이 나아져서 잘난 연필 구입에 쓰는 돈 정도야 가볍게 여겨도 당연한 일이 되었다.

몽당연필은 사라져 버렸다. 과학문명이 발전에 발전을 거듭하고, 소비 수준은 엄청나게 높아지고, 아울러 교육 수준은 가히 세계 제일이 되면서, 몽당연필이라는 개념과 몽당연필 끼우개는 자취를 감추었다. 생활이 부유하면 할수록, 교육열이 뜨거워질수록, 자기를 과시하고 싶을수록, 치맛바람이 심할수록, 몽당연필은 더욱 버림을 받아서 부끄러운 것이 되고 말았다. 사정이 이러한데, 어찌 몽당연필 끼우개의 설 자리가 있겠는가. 오, 통재라! 몽당연필도, 몽당연필 끼우개도,

검약정신도, 우리의 뇌리에서 깡그리 사라져 버렸다!

그런데, 요즘 같은 개명천지(開明天地)에 또 부자 나라인 일본에서 몽당연필 끼우개가 문방구에 버젓이 자리를 잡고 있다니 놀라운 일이었다. 가슴이 쿵쿵 뛰었다. 손에 쥐고 이리저리 굴려보기도 하고 마치 글을 쓰듯이 자세를 취해 보기도 하니, 어린 시절 몽당연필 끼우개의 기억이 불현듯 새로워졌다.

과연 일본 사람들이 닳은 연필을 그저 버리지 않고 이것에다 끼워서 알뜰살뜰 고무꼭지만 남을 때까지 쓸까? 이렇게 하여 경제부흥에 일조하였을까?

연구원들 사이에 발표와 토론이 있었을 때였다. 같은 실험실 연구원 야스바(安場) 양이 연필 끼우개에 몽당연필을 끼우고 메모를 하고 있었다. "여기 이것 보시오!" 하였다.

(1993)

길바닥 도배

일본을 처음 방문하였을 때였다. 마침 중의원 선거로 열도가 가마솥처럼 들끓고 있었다. 우리나라의 선거에 길들여진 나는 포스터와 선전물이 도시 곳곳을 뒤덮고 있을 것이라고 예상하면서 오사카에 도착하였다.

'배 아픈 이웃사촌'의 기대는 여지없이 빗나갔다. 가끔 깃발을 매단 타이탄 차량이 거리를 지나가며 손 마이크로 후보자와 정당을 선전하는 것이 보였다. 얼핏 몇 사람이 모여 서서 행인에게 절을 하는 것이 보였다. 이번 선거로 자민당 집권 40년에 종지부를 찍게 될지 모른다고 연일 방송하는 것 같은데도 선거전은 차분하고 조용해 보였다. 지정벽보판에서만 입후보자를 알리는 선전물을 볼 수 있었다. 이것마저 안보였다면 나 같은 방문객은 선거를 하는지 마는지를 알 수 없을 지경이었다.

길바닥에 나뒹구는 선전 쪽지는 하나도 보지 못하였다. 후보자 선전물의 홍수, 금품 제공, 산업현장이 지장이 받을 정도로 막대하게 동원되는 운동원 등의 우리 선거풍토와는 판이하게 대조되는 일본의 절약형 깨끗한 선거풍토를 보는 것 같았다.

얼마 전 치른 1994년도 총학생회장 선거전만 해도 소비적 선거풍토 그대로였다. 지정 벽보판, 건물의 외벽, 복도, 화장실, 휴게실, 계단에는 물론이요 심지어는 길바닥에까지, 시선을 끌 만한 곳이면 가리지 않고 마치 도배하듯이, 게다가 프로그램에 따라 시차를 두고 바꿔 가며 선전물을 덕지덕지 붙이는 것이 예사였다. 어떤 후보는 제법 값나가는 책자 비슷한 홍보물까지 배포하지 않던가. 기성세대의 선거기술을 충실히 본받았다. 오히려 낭비적으로 관심과 여론을 사고자 안달하였다. 우리 대학생들의 서투른 선거전의 표상이 일본에서의 짧은 견문과 대비되었다.

유권자를 그때그때 들쑤셔 주고 무엇이든지 가져다 줄 것처럼 하는 것을 최고의 선거전략으로 삼는 것 같다. 후보자들이 자기들을 가만히 내버려 두면 오히려 속상해 하는 유권자들이 있다. 기만당하는 줄 뻔히 알면서도 무엇무엇을 해 준다면 좋아하는 유권자들과 이를 이용하는 정치꾼들. 그 틈새로 낭비와 정치적 허무가 파고든다.

일본의 선거는 깨끗하고 절약적이다. 선전물의 절약, 공약의 절약, 금품의 절약, 선거운동원의 절약, 유권자들 사이의 입씨름의 절약. 이렇게 하면 선거 후유증도 절약하는 것이 아니겠는가.

지방자치제의 실시로 1995년부터는 선거를 밥 먹듯이 치를 것인데, 이대로는 힘에 부칠 것 같다.

(1993)

히라노 교수

1

　오사카 공항의 출구에서 처음 만났다. 시장 어귀에서 손주 녀석을 기다리는 시골 할아버지와 흡사한 분이 내 이름의 피켓을 들고 서 있었다. 신뢰감과 친근감을 느꼈다. 환갑을 넘긴 수수한 할아버지, 히라노(平野) 교수. 영어를 잘 하고 낙천적이고 사고의 폭이 넓고 계산에 밝았다.
　오사카에서 후쿠이(福井)까지 2시간 남짓 열차를 탔다. 차창으로 거대한 호수가 나타났다. 일본 최대 비와꼬 호수였다. 대화는 가볍고 즐거웠다. 마을 주변에 무성한 대나무 숲이 보였다.
　"지진이 나면 대나무 숲으로 뛰세요. 대나무 뿌리가 얽혀서 도움이 돼요. 대나무밭으로 뛰어라. 이것이 지혜입니다." 마침 일본 북해도 남서충도(南西沖島)에 지진이 일어나 많은 피해가 났었다.
　"한국을 방문하신 적이 있으세요?"
　"여유가 없었어요. 연구에 바빠서." 우리는 후쿠이로 일본키틴학회에 참석하고자 여행하는 중이었다.

2

학회 장소는 시민회관이었다. 여가활동을 즐기고 소양을 개발할 수 있는 다양한 시설과 자료를 제공하는 곳이었다. 우리나라에서는 시민회관에서 국내외 학술회의를 열어 본 적이 없는 것 같다. 시민회관은 그저 절기행사나 음악, 무용, 연극 등 예술행사나 하는 곳쯤으로 알고 있다. 당연히 학술회의 장소로도 활용되어야 할 것이지만. 대개 학술행사를 대학 또는 연구소에서 개최한다. 기업체에서 찬조금을 출연 받아 재정이 튼튼한 학회는 호텔에서도 개최하기도 한다.

학회 기간 날씨가 맑았다. 히라노 교수는 나를 학자들에게 소개해 주었다.

"날씨 좋습니다."

"좋은 마음씨는 좋은 날씨를, 나쁜 마음씨는 나쁜 날씨를 부른다는 속담이 있어요. 박 교수님을 비롯하여 학자들의 학문적 열성이 좋은 날씨를 만들었어요."

3

돗토리(鳥取)로 돌아가는 산음선(山陰線) 열차 안에서 영문판 지도를 펴놓고 돗토리의 지리에 관하여 이야기하였다. 언뜻 들은 바 있는 다이산(大山)의 위치를 물었다. 그가 안경을 벗고 지도를 찬찬히 들여다보았지만 결국 찾지 못하고 여기 어디쯤일 거라고 손가락으로 짚어 주었다. 그 부근에 높이 1,712m의 산이 나타났다.

"찾았어요. 제 눈이 더 좋아요?"

"그렇지만도 않아요. 나는 박 교수님보다 20년 전쯤에 다이산을 보았어요."

재치 있고 기발한 대답이었다. 즐겁게 웃었다. 그는 전혀 피곤을 느끼지 않았다.

"박사님은 건강하시군요. 건강 비결은 무엇입니까?"

"대답 않겠어요. 아내에게 물어봐 주세요." 하며, 생긋 웃었다.

"취미는 무엇인가요?"

"그것도 아내에게 물어봐 주세요."

4

돗토리에 도착한 다음 날 아침 그가 숙소로 찾아왔다.

"안내해 드릴 터이니 함께 연구실에 갑시다." 차는 낡고 조그맣다. 곳곳에 손본 흔적이 있고 여기저기 녹이 흘러내리는 그야말로 중고차였다.

"헌 차인데, 오래되었네요."

"10년도 넘었지만, 나보다는 훨씬 젊어요."

연구실은 실험 노트와 연구 재료들로 가득 차 있었다. 하얗게 머리가 세었지만 아침 6시 반이면 연구실에 도착한다. 그리고 오후 6시 반이면 퇴근한다. 학생들이 복도에 나와 "오쓰가레 사마데시다." 하며 배웅하였다.

환영파티가 열렸다. 히라노 교수가 통역을 맡았다. 그는 일본 대학생들이 외국어 공부를 소홀히 한다고 강력히 비판하였다.

"나는 영어, 독일어, 러시아어를 공부하였다. 우리들은 정말 열심히 하였다. 몇 개 국어를 구사하였다. 내게는 월요일, 월요일, 화요일, 수요일, 목요일, 금요일, 금요일만이 있었다. 토요일이나 일요일은 없었다."

그가 "No Sunday, Monday, Monday, Tuesday, Wednesday, Thursday, Friday, Friday, No Saturday." 하자, 학생들이 "No Sunday, Monday, Monday……" 합창하였다.

"한국을 방문하지 못한 까닭을 알겠습니다. 일요일도 없었다니, 사모님께서는 어떠셨어요?"

"대답 않겠어요. 아내에게 물어봐 주세요."

교정을 걸을 때였다. 방학 중이어서 약간 껄렁거리는 대학생들의 짓거리가 금방 눈에 띄었다. 한 패를 지어 떠들썩거리는 것을 보고, 혼자 중얼거리는 것처럼, 예언자처럼, 덤덤히 말하는 것이었다.

"언젠가는 허리띠를 졸라매고 열심히 하겠지요."

5

드디어 3가지 의문을 풀 수 있는 날이 왔다. 부인이 현관에서 무릎을 꿇고 공손히 맞았다. 이런 식의 환대는 처음 경험하는 것이었고 또 예비지식도 없었던 터라서 당황스럽고 계면쩍었다. 부인의 행실이 얼마나 겸손하고 깍듯한지 아름다움을 이루 형용할 수 없었다. 현관 화병에는 장미와 안개초가 꽂혀 있고, 응접실에도 우아한 꽃들이 아름다웠다.

나는 외국인에게 늘 해 오던 대로 전통 민요와 창이 든 테이프 2개를 선사하였다. 그들은 매우 기뻐하였다. 창을 틀어 놓고 분위기를 잡았다. 부인은 음악을 전공하지는 않았지만 좋아한다고 하였다.

식사가 준비되었다. 식당에서 극구 사양하였지만 기어코 나를 아랫목에 앉혔다. "귀한 손님이므로." 우리는 음식을 즐겼다. 히라노 교수의 3가지 비밀을 캘 요량으로 부인에게 물었다.

"참으로 별미입니다. 히라노 교수의 건강비결이 바로 부인의 요리이군요?"

"많이 드시지 않아요."

"그러면, 남편의 취미는 무엇인가요?"

노부부는 서로 쳐다보며 벙긋 웃었다.

"잠이에요. 연구실에서 돌아오시면 그저 주무시는 거예요. 그뿐만 아니어요. 틈만 나면 주무셔요. 틈만 나면."

모두가 서로 쳐다보며 웃었다. 3번째 질문은 포기하였다. 물어볼 필요가 없었다.

6

귀국길에 오사카성을 방문하였다. 조선을 침탈한 임진왜란의 전쟁범죄자들 토요토미 히데요시를 비롯한 가토 기요마사 등이 영웅으로 추모되고 있는 것을 보았다. 이것을 적어 히라노 교수에게 편지하였다. 그에게서 냉정하고 분명한 답장이 왔다.

"보는 관점이 다를 수밖에 없습니다."

그것은 차라투스트라의 목소리였다. "한 백성에게 선이라고 불리는 많은 것이 다른 백성에게는 경멸과 치욕이라고 불려 왔다. 여기서는 악이라 불려지고 다른 곳에서는 보랏빛 영예로 장식되어 있는 것을 나는 발견하였다. 이웃은 다른 이웃을 이해한 적이 결코 없다."

가까운 나라라고들 하지만 내게 먼 나라에 불과하였던 일본을 1993년 7월 처음 방문하였다. 한국과학재단의 단기 해외 방문연구 지원을 받았다. 돗토리대학(鳥取大學) 농예화학과 히라노 시게하라(平野茂博) 교수. 그는 키틴 연구의 선구자로 세계적으로 유명하다.

내 책상 위에는 스테인리스 메모꽂이가 놓여 있다. 그에게서 받은 선물이다. 메모꽂이를 볼 때마다 그와 함께 지낸 추억이 되살아난다. 히라노 교수의 바다, 키틴과 함께.

(1993)

투명 유리통

지난해 여름 일본에는 북해도(北海道) 남서충(南西沖)섬의 지진으로 수많은 이재민이 발생하였다. 그때 나는 일본 돗도리대학에서 방문 연구 중이었다.

한국 같으면 온갖 매스컴들이 들고 일어나 이재민들의 참상과 함께 극적인 재활의지를 조석으로 보도하면서, 이재민 돕기 국민성금모금운동을 시작하였을 것이고, 이재민 돕기에 얽힌 감동적인 미담을 대대적으로 홍보할 터였다. 마찬가지로, 엄청난 천재지변을 당하였으니 일본에서도 마땅히 이재민을 돕기 위한 채널이나 운동이 있을 것으로 생각하였다.

어느 날 시장에 나갔더니, 시장 중앙에 큰 나무통이 "북해도 남서충 대지진 이재민(北海島 南西沖 大地震 罹災民)을 서로 도웁시다."라는 겨우 눈에 띌 만한 크기의 호소문을 달고 서 있었다. 걸음을 멈추고 서서 사람들의 움직임을 지켜보았다. 어떤 이는 동전을, 어떤 이는 지전을 뜀뛰듯이 뛰어서 던져 넣었다. 거기엔 '이재민들의 고통과 아픔을 우리 국민의 이름으로 덜어 줍시다.' 따위의 어깨띠를 두른 사람이나 프랑은 없었다. 그 나무통을 돌보는 사람도 있는 것 같지 않았다. 어른 아이 할 것 없이 지나가면서 아주 천진스럽게 그저 얼마를 던져 넣는 것이었다. 아빠의 어깨 위에 올라타고 동전을 던져 넣는 아이도 있었다. 자발적이면서도 표 나지 않게 하는 자조의 움직임이었다.

질박하고 튼튼하고 거대한 나무통. 크고 높고 튼튼한 것이 인상적이었다. 크기로 보건대 가정에 두고 사용할 만한 그런 것이 전혀 아닌 것이, 속 바닥을 들여다본 사람이 없을 성싶을 정도로 컸다. 이번 성금모금과 같은 공동체 의식에 사용되는 어떤 것일까. 그들의 공동체적 삶에 대한 애정과 가치를 간직한 듯하였다. 나무통을 간혹 만날 때 행복과 일체감과 공동안전을 느끼는지도 모를 일이었다.

'이게 일본 사회의 뿌리로구나.' 하며 돗도리역(鳥取驛)에 도착하였다. 매표소 옆에 두 말들이 크기의 투명한 유리병이 시장바닥에서 보았던 것과 같은 문구를 조그맣게 명찰처럼 단 채 놓여 있었다. 속에 든 지전과 동전이 훤히 들여다보였다. 여행자들이 십시일반(十匙一飯)이라고 할까, 계산하고 남은 잔돈을 유리통에 넣고 가는 것이었다. 지켜 서서 소리치며 이재민들에 대한 동정심이나 연민의 정을 부추기는 사람은 없었다. 시민의 자발적 참여와 조직적인 사회구조를 보는 것 같았다. 성금의 쓰임새도 투명한 유리통만큼이나 깨끗할 것 같았다.

우리는 어떠한가. 이번처럼 서해 페리호 참사와 같은 재난이 발생하면 언론이 성금모금을 담당한다. 매스컴은 경쟁적으로 동정심에 호소하여 국민에게서 성금을 후려내고 대신 많은 국민을 선한 사마리아인으로 분장시키는 작업을 수행한다. 수천만 원 또는 수억 원의 헌금을 쾌척하는 재벌을 국민에게 성의껏 소개하며 하루하루 성자들의 탄생을 고지한다. 이재민의 고통을 분담한다는 도덕적 위안과 정서적 순화와 국민적 일체감을 유도하고, 정부의 행정적 지원을 보다 용이하게 하는 순기능이 있기는 할 것이나, 역기능을 간과할 수 없다. 재벌과 정부를 감시하고 평가해야 할 언론이 그들과 한 통속이 되기 쉽다. 재난의 책임한계를 두루뭉술 덮어 버리기 일쑤다. 그리고 서로 반대급부를 제공하는 것이다. 그래서 '우리는 선한 사마리아인이다.' 자부하면서도 '성금이 제대로 쓰였을까?' 하는 의구심을 갖게 된다.

아니나 다를까! 감사원 감사에서 드러난 대로 이렇게 모아진 성금이 일부 기관장들의 판공비로나 쓰였다는 것 아닌가. 순진한 인간애의 발로가 구겨지고 말았다. 가슴 아프고 괴롭다. 왜 고상하고 선한 일을 하고 오히려 괴로운 걸까.

거대한 나무통이나 투명한 유리병에 상당하는 것이 절실하다. 오지그릇이거나 믿음이거나 제도이거나 관습이거나 간에, 절실하다.

(1994)

소요유의 세계

'북쪽 바다에 곤(鯤)이라 하는 물고기가 있다. 크기가 몇천 리인지 모른다. 이것이 변해서 새가 되는데, 이름을 붕(鵬)이라 한다. 붕이 얼마나 큰지 등덜미 길이만 해도 수천 리다. 이놈이 한번 기운을 떨쳐 날면 날개가 하늘에 드리운 구름과 같다. 붕새는 바다 기운이 한번 크게 움직일 때 삼천 리를 물결을 치면서 떠오른 다음 회오리바람을 타고 구만 리를 솟구쳐서 여섯 달을 계속 날아 남쪽 바다로 옮겨가 비로소 쉰다.'

이는 『장자(莊子)』의 「소요유(逍遙遊)」에 나오는 이야기로, 풍부한 상상력과 파격적 과장은 사람을 편하게 하는 바가 있다. 붕새의 비상은 실로 장엄하다. 붕새가 여섯 달을 쉬지 않고 남쪽 바다로 날아간 까닭은 과연 무엇일까?

문예부흥의 중심이며 세계의 교과서라는 이탈리아를 여행하고 싶은 열정으로 38세 때 혈혈단신 이탈리아를 향해 떠났던 괴테처럼, 나는 2001년 2월 9일 인천항을 출발해 발해만을 지나 천진을 거쳐 북경에 들어갔다. 괴테가 로마를 동경하였던 심정으로 나는 북경을 동경하였다. 북경은 수백 년 동안 중국과 세계의 중심이었지 않은가.

　요즈음은 중국 나들이를 이웃집 드나들 듯하는 세상이지만, 얼마 전까지만 해도 매우 어려웠다. 체제와 사상이 서로 달랐던 것이다. 그래서 그런지, 발해만은 아직도 두터운 얼음조각으로 덮여 있었다. 붕새는 이미 날아가고 망망한 빈 바다였다.

　그리고 사흘 후 마침내 붕새의 등날에 올라탔다. 북경 서북쪽 태행산맥의 팔달령 만리장성에 올랐다. 발해만에서 날아올라 뭇 산과 망망한 초원을 넘고 드넓은 사막을 건너 하얀 눈 뒤덮인 천산(天山) 기슭을 향해 날아가던 한 마리 붕새였다. 남쪽 바다로 날다 잠시 땅에서 쉬는 것인가.

　달에 착륙한 최초의 인간, 1969년 미국의 우주왕복선 아폴로 11호의 우주비행사 닐 암스트롱이 지구를 내려다보면서 말하였다. "맨눈에 보이는 인공 조형물은 오직 만리장성뿐이다." 이로 인해 거대한 축성은 세계 사람들의 막연한 동경의 대상이 되었으니, 그때 중국은 죽의 장막에 싸여 가려져 있었다.

　기원전 7세기 춘추전국시대로부터 산발적으로 쌓기 시작한 만리장성은 진시황제와 한무제(漢武帝)의 축성을 거쳐 15세기 초 명나라 때 보강공사로 산해관(山海關)에서 옥문관(玉門關)에 이르는 현재의 규모와 함께, 수많은 위소성(衛所城)과 진성(鎭城), 노성(路城), 영성(營城), 변관(邊關), 돈대(墩臺), 전대(戰臺), 봉화대(烽火臺), 수문(水門) 등을 갖춘 완벽한 군사방어체계로 구축되었다.

　축성의 재료는 돌과 흙과 벽돌이며 성벽 높이 6~9m, 폭 기부 9m 내외, 상부 4.5m이며, 대부분 산등성이를 따라 축성되었다. 명나라 때 장성 수축에 사용된 돌과 벽돌과 흙을 대충 계산하여 너비 1m, 높이 5m의 큰 담벽을 쌓는다면 지구를 한 바퀴 에돌릴 수 있는, 실로 상상을 초월하는 규모다.

2월 오후 느슨한 햇살 아래 장성의 등날은 산등성이를 따라 장엄하게 뻗어나가더니 뿌연 연무 속으로 멀리 자취를 감춘다. 등날에 자리를 틀고 앉은 돈대들이 산꼭대기에 우뚝 솟은 봉화대와 조응하는 모양이 예술적 일체감을 자아낸다. 누가 거대한 붕새를 조형하였을까?

우공(愚公)이 태행산(太行山)을 옮긴 설화. 원래 태행산과 왕옥산(王屋山)은 기주(冀州) 남쪽과 하양(河陽) 북쪽에 있었다. 나이가 아흔에 가까운 북산(北山) 우공(愚公)은 두 산에 가로막혀 돌아다녀야 하는 불편을 덜고자 산을 옮기기로 작정하였다. 세 아들과 손자들과 돌을 쪼개고 흙을 파헤쳐서는 발해만의 바닷가에 버렸다. 한 번 다녀오는 데 1년이 걸렸다. 황하 강변에 사는 친구 지수(智叟)가 웃으며 만류하자 그는 정색하였다.

"나는 늙었지만 내게는 자식이 있고 손자도 있네. 손자는 또 자식을 낳아 자자손손 한없이 대를 이을 터지만 산은 더 불어나는 일이 없지 않은가. 언젠가는 평평하게 될 날이 오겠지."

한편, 산신령은 우공의 끝없는 노력에 겁이 나서 옥황상제에게 이를 말려 달라고 호소하였다. 그러나 옥황상제는 우공의 끈질긴 정성에 감동하여 과아 씨의 두 아들을 시켜 하나는 삭동(朔東)에 두고 하나는 옹남(雍南)에 두게 하니, 드디어 광활한 화북평야가 생겨났다.

큰 어리석음과 지극한 노력으로 산을 옮긴 우공들이 또다시 헤아릴 수 없는 흙과 돌과 벽돌을 장구한 세월 동안 져 올려 만리장성을 쌓았으니, 천산 기슭을 향해 날아가던 한 마리 붕새를 눌러 앉혔던 것이다.

牽衣頓足攔道哭	가족들이 옷을 잡아끌고 발을 구르며 길을 막아서서 우는데
哭聲直上干雲霄	울음소리는 하늘로 바로 솟구쳐 구름에 닿을 듯
邊庭流血成海水	국경지대에서 흘리는 피는 마치 바다와 같으니
信知生男惡	알겠노라 사내아이를 낳는 것은 좋지 않고
反是生女好*	도리어 딸을 낳는 편이 더 좋다는 사실을

아주 어리석지 아니하면 이런 무모한 도모는 결코 이뤄질 수 없는 것. 기단 모퉁이 돌 하나에 석공의 이름이 암각되어 있었다. 아마도 머리가 세도록 평생 장성을 쌓다 죽었을 것이다. '국경지대에서 흘리는 피는 마치 바다와 같으니,' 장성은 수많은 민초의 피와 죽음의 바다였다. 석공의 통곡과 탄식이 얼어붙어 있었다.

차가운 겨울 북풍을 맞으며 가까이 솟아 있는 돈대를 향해 올라갈 때, 특별한 것이 눈에 띄었다. 비석의 귀퉁이에 마오쩌둥(毛澤東)의 사진이 박혀 있고 자유분방한 필체로 휘갈겨 쓴 일필이 붉고 깊게 새겨져 있었다.

  不到長城非好漢 장성에 오른 다음에야 비로소 영웅이라
           할 것이니,
  我登上了長城   마침내 나는 장성에 올랐노라

  장쾌하다. 사나이의 자부심이 능히 장성을 압도한다. 마오쩌둥은 왜 장성에 올라보지 않은 사람은 대장부가 못 된다고 단정하였나. 자자손손 장구한 세월 동안 돌과 벽돌과 흙을 져 올려 장성을 쌓은 제왕들의 큰 어리석음과 민초들의 희생과 죽음을 보았던 것일까. 우리가 아는 대로 그는 장성에 올랐다.
  장성은 장자가 꿈꾼 붕새의 비상, 그것이었다. 소요유의 벌판이었다. 이제 군사적 의의를 잃었으니 무위와 무용을 이루었으며, 위용과 아름다움과 유구 장대함으로 자연(自然)을 얻었다.

                     (2001)

---

* 두보(杜甫)의 시 「전차의 노래(兵車行)」에서.

재활용의 경제학

　국가의 경영에서 가장 중요한 것 가운데 하나는 길이다. 길이 어디까지 뻗어 있느냐는 곧 통치권이 미치는 한계를 규정하였다. 위로부터는 국가의 정책을 알리고, 아래로부터는 변방의 위급한 상황을 알리기 위해 밤낮없이 파발이 포고문과 상소문을 지참하고 뛰었다.
　미국처럼 광활한 나라에서 해결하기 어려운 난제가 교통이었을 것이다. 그런데 역설적으로 미국이 가장 잘 해결한 것이 교통이다. 육상도로와 항공로가 거미줄처럼 복잡하게 얽혀 있다. 육상 대동맥은 동서와 남북으로 뻗은 고속도로이다. 짝수 번호의 길은 동서로 달리고, 홀수 번호의 길은 남북으로 달린다. 77번 고속도로는 남쪽 콜럼버스에서 시작하여 북으로 클리블랜드까지 뻗는다.
　얼마 전 김영삼 대통령의 특별지시로 10월 국토대청결운동을 벌였다. TV에서는 고속도로 주변과 산천에 지천으로 깔려 있는 쓰레기를 다투어 특종으로 내보냈다. 쓰레기로 뒤덮인 국토를 보고, 스스로 한심하다는 자괴를 금치 못하였다.
　휴게소에서 음료를 사 마실 때면 생각나는 일이 있다. 미국에서 잠시 연구할 때, 클리블랜드에서 77번 고속도로를 타고 버지니아주 블랙스버그로 친구들을 만나러 내려가는 길이었다. 깡통을 버리는데, 건너편 쓰레기통에서 알루미늄 깡통을 줍는 노인이 보였다. 지나온 휴게소에서도 마주쳤던 분이었다. 노인은 깡통을 밟아 쭈그러뜨리고 승용차 트렁크에다 담았다. 휴게소를 따라 빈 깡통을 주워 모으는 노인이었다.

나는 노인의 신상이 궁금하였다. 하얀 머리, 단정한 옷매무새, 교양 있게 보이는 용모. 손에는 장갑을 꼈다. 정년퇴임한 노인일까.

정작 더 궁금했던 것은 알루미늄 깡통의 경제였다. 주워 가면 받아 주는 곳이 있을까? 한 개당 얼마를 쳐 받을까? 하루 몇 개를 주울까? 차를 몰고 다니면 기름 값이 제법 들 터인데, 수지가 맞을까?

보스턴을 방문했을 때였다. 겨우 200년밖에 안 되는 미국의 짧은 역사를 다 가진 보스턴. 청교도들이 맨 처음 터전을 닦은 도시. 그들이 세운 하버드대학 그리고 보스턴 시민공원. 옛 티를 풍기는 거리에서 더 닳고 낡은 처참한 실존과 마주쳤다. 등이 굽을 대로 굽어 가슴이 땅바닥에 닿을 것 같은 동양계의 늙어 빠진 노파. 쓰레기통을 뒤지며 유리병과 깡통을 줍고 있었다. 실존의 참담함과 엄숙함 앞에서, 나는 중얼거렸다.

"남는 장사로구나! 손수 빵을 버는 것이며, 생명을 일으켜 세우는 것이구나! 자신의 것일 수도 있고 세상 모두의 것일 수도 있을 생명을……."

보스턴의 동양계 노파와 77번 고속도로 휴게소의 앵글로색슨계 노인. 그들은 두 가지 점에서 남는 장사를 하고 있었다.

우선 돈이 생긴다. 이문이 없으면 아무리 애국심에 호소해도 움직이지 않는 미국인들의 사고에 비추어 볼 때, 노인이 차를 몰면서 폐품을 주워 모으는 것은 보스턴의 노파에 비하여 비록 회수비용이 더 든다 해도 남는 것이 확실하다. 정부와 기업에서 그것까지 보상하고 남도록 장치를 마련해 놨을 것이다.

다음으로 이것이야말로 자연과 환경을 아름답게 보전하는 길이다. 노파를 보고 인생의 비참함과 함께 생의 엄숙함을 느꼈지만, 그녀의 가늘어진 손끝으로 쓰레기통에서 폐자원을 가려내는 그것이 곧 자신의 생명과 함께 인류를 보다 안전하게 지키는 적극적 행동이기 때문이다.

분명히 남는 장사다. 폐자원의 회수와 재활용에 정부와 기업이 각별한 정책을 동원하는 것이 보편화되었다. 그것은 당장의 경제적 수지타산뿐만 아니라 환경적 요인을 긴 안목으로 평가해서 얻은 결론에서 나온 것이다.

환경오염과 자연파괴로 지구는 헐떡거리고 있다. 하나뿐인 지구를 온전히 보존하자는 생명운동이 세계적으로 활발하게 일어나고 있다. 자연은 유일한 생명의 원천이다. 자연을 아끼고 보전하는 일은 자신의 생명뿐만 아니라 인류의 생명을 보전하는 길이 아닌가.

77번 도로의 노인과 보스턴의 노파처럼 쓰레기통에서 유용자원을 거두어 올리는 것은 논에서 농사를 짓고 곡식을 거두어들이는 일과 조금도 다르지 않다. 둘 다 생명을 섬기는 일이다. 자연의 보전 관리와 자원 재활용이라는 두 마리 토끼를 동시에 돌보는 셈이 된다.

옛날에는 길이 미치는 곳까지 권력이 미쳤다. 이제는 길이 육해

공과 지하에까지 미치고 발길이 닿지 않는 곳이 없어졌다. 길은 장사꾼들이 트고 넓혀 왔다는 것을 알아야 하리라. 이문이 남으면 트이고 그렇잖으면 묵어 버리는 길이다.

고속도로 휴게소에 들어서면 그 노인과 노파가 생각난다. 쓰레기통에서 유용자원을 추려 내는 사람들의 고속도로. 한국에서도 언젠가는 그것을 주워 모으는 일이 수지가 맞는 일이 될 것이다. 왜 이 일이 남는 장사인지 낱낱이 추려 주판을 튕겨 보기 바란다.

(1993)

신사의 계절

겨울 내의를 안 입는 시대가 되었지만, 난 입는다. 그 위에 황록색 바지, 와이셔츠, 넥타이. 더 춥다 싶을 때는 그 위에 조끼를. 검정 콤비 상의까지는 너무 일상적이어서 소개할 가치가 없다. 여기에 밝은 영국제 회색 오버를 걸치고, 영국산 캡을 쓴다. 영국제 자줏빛 머플러를 더하고 보면, 볼품이 있다.

영국제를 개념하니, 10년 전 여름 아내와 영국 웨일즈 지방에서 보낸 4주의 추억들이 새롭다.

고색창연한 아버리스트위츠 고성. 해 질 녘 군청빛 하늘. 새벽이면 잠깐 뿌리는 보슬비. 끝없이 뻗어 나간 검은빛으로 높이 출렁이는 대서양. 해안을 따라 길게 펼쳐진 골프장. 넓은 초원 그리고 산꼭대기까지 조성된 초지와 한가로운 면양들. 가정 같은 느낌의 웨일즈 도브 호텔. 볼 만하다기에 협궤열차를 타고 찾아가서 보고 웃었지, 겨우 두어 바가지나 되는 물이 한 길 높이에서 흘러내리던 웨일즈 폭포. 호텔 직원을 통해 들었던, 스페인 몬주익 동산 바르셀로나 올림픽 주경기장에서 꽃 핀 마라토너 황영조 선수의 영광.

그리고, 런던 피카딜리 서커스 광장. 오래되고 낡아서 오히려 고아한 팔레스호텔의 침실과 삐걱거리는 판자 마룻바닥과 정중한 뷔페 식당. 호텔 프런트마다 즐비하게 걸린 그림 접시들.

영국, 하면 신사가 자연 연상되지만, 그때 그곳에서 난 한국 신사였다. 나그네에게 에드워드 파크에서의 휴식은 예술이었다. 셰익스피어의 고향 스트래포드 어펀 에이본(Stratford-upon-Avon)에서 셰익스피어 연극을 관람하지 못한 것이 몹시 아쉽다.

겨울이 닥친다. 다시 여행하며, 셰익스피어 연극을 본고장에서 볼 수 있는 기회가 있을까. 회고에 젖도록 하는 망둥이 녀석들.

낙엽귀근(落葉歸根)은 우주적 순명이며, 나목은 겨울의 활력이다. 신사란 교양과 겸손으로 활력을 삼는다. 정장을 하면서 오히려 귀근(歸根)을 생각한다.

(2002)

세상은 넓고 사람은 많다

방콕(Bangkok)에서 이 글을 쓰고 있다. 모교와 후배들을 그리면서 필을 잡으니 벌써 다감해진다. 창 너머 바깥에 한 청년이 호스로 나무에 물을 주며 가지를 치고 수형을 잡아 주는 것이 보인다. 손길이 따뜻하고 정성스럽다. 다른 나라에 나다닐 기회가 그에겐 몇 번이나 있었을까 하고 생각을 해 본다.

외국 여행에는 몇가지 필수적인 것이 있다. 여권과 비자와 언어가 그것이다. 여권과 비자는 신청하면 누구나 얻을 수 있는 것이지만, 언어는 본인이 오랜 시간을 투자하여 습득해야 하는 것이다.

나는 세계 대부분의 나라에 여행해도 좋다는 여권을 손에 들고 있다. 책갈피를 하나하나 넘겨보면, 근래 영국, 일본, 중국, 미국, 프랑스, 이태리, 대만, 태국, 월남, 캐나다 등의 나라에 다녀온 기록이 소롯이 찍혀 있어 그때의 추억을 상기시켜 준다. 어떤 나라에는 빈번히 다녀오기도 하였다.

광양중학교에서 알파벳을 처음 배울 때, 이것을 배워서 도대체 언제 어디에 써먹을까 하고 의아해 하였던 기억이 난다. 한 번만이라고 제대로 써먹을 수 있는 기회가 오기를 두려운 마음으로 빌었다.

소년은 나중 광양농업고등학교를 다니면서 꿈을 키웠고, 그가 바라던 대로 세계 각국을 여행하면서 청년 시절에 훈련한 영어를 활용하고 있다.

시대는 이미 지구촌시대이며 정보화시대이다. 과학문명의 발달이 세계를 지구촌으로 만들었다. 모교 도서관에 앉아서도 세계 도처에서 일어나는 시시콜콜한 일까지 소상하게 알 수 있는 정보화 세상이 되었다. 외국 여행이 이웃에 모실 다니는 것처럼 항다반사로 빈번한 일이 되었다. 그뿐만이 아니다. 민간인들의 달나라 여행이 실현되었는가 하면, 이웃 행성 탐사 여행도 예삿일이 되었다.

몇 달 전 미 항공우주국NASA의 화성 탐사선 패스파인더의 로봇들이 화성 표면에 착지하였다. 탐사로봇 스피릿과 어퍼튜니티의 활동은 사실상 다른 행성에 대한 인류 최초의 현장탐사였다. 그들은 수십억 년 전 화성은 생명체가 존재할 수 있을 만큼 따뜻하고 습한 환경이었음을 발견하였다. 거기 물과 염분이 있었다. 물은 생명체에 필수적이므로 고대 화성에 생명체가 살았을지 모른다는 기대를 한껏 부풀리고 있다. 이렇게 지구촌시대를 지나 우주촌시대로 접어들고 있다.

내 어렸을 적의 세계는 닫힌 시대와 닫힌 세계였다. 그땐 100리 밖의 세계에 대해서조차 알 도리가 거의 없었으며, 알아보려고 노력하지도 않았던 시대였다. 그렇게 살아도 생존이 가능하였다. 그러나 지금의 세계는 완전히 다르다. 정보와 과학이 재산이며 권력인 세상으로 바뀌었다.

이웃과 세계를 알지 못하면 낙오자가 되거나 아예 생존이 불가능해졌다. 현대는 정보와 지식과 과학을 장악하기 위한 정보전쟁, 지식전쟁, 과학전쟁의 시대다. 정보와 지식의 중요성은 지피지기백전불패(知彼知己百戰不敗)라 하여 일찍이 춘추전국시대부터 강조되어 왔다.

정보와 지식 사회의 일원으로서 세계를 보다 잘 이해하기 위하여 갖추어야 할 자격은 무엇인가? 적어도 한 가지 외국어를 구사하는 것이다. 외국어를 구사할 수 있을 때, 더 바르게, 더 빠르게, 더 많이, 정보와 지식을 확보할 수 있다. 특히 영어가 그렇다. 외국어는 지식과 정보를 습득하는 데 필요한 연장이자 도구이며 방편이다. 날이 잘 선 연장을 가진 사람은 힘을 덜 들이면서 더 많은 일을 할 수 있다.

외국어를 익히는 지름길은 없는가. 있다. 꾸준히 노력하는 것. 마음만 먹으면 못할 일이 무엔가. 지금은 다양한 학습 도구와 자료들이 개발되어 있어 전에 비하여 훨씬 쉽게 외국어를 익힐 수 있다.

내가 어렸을 적 아버지는 내게 종종 이렇게 일러 주셨다.

"세상은 넓고 사람은 많다. 죄그만 시골에서 제법 잘 한다는 사람도 서울이나 부산 같은 대처에 내놓으면 보잘 것 없기가 되레 쉬우니라."

이 가르침은 나를 겸손하게 만들었고, 한편 넓다는 세계에 관심을 갖고 준비하고 경쟁하도록 자극하였다. 그 준비물 가운데 하나가 외국어를 익히는 것이었다.

바깥을 내다보니 물기를 머금은 열대수들이 싱싱하다. 청년은 보이지 않는다. 뷰티플 코리아로 여행을 떠난 걸까?

(2004)

궁금하다

잔디 위 코를 가슴에 박고 자는 개들의 자태가 달팽이 같다. 바쁜 보도 한편 통잠에 빠진 녀석들도 흔하다. 공원 잔디 위에 평화의 깃발을 몸으로 말아 세운 녀석들.

이런 순딩이들은 처음이다. 순하디 순하다. 사람이나 차를 두려워하지 않는다. 노천 식당에 수시로 드나들지만 음식을 탐하지 않는다. 녀석들은 피부염을 앓고 있다. 듬성듬성 털이 빠지고 덕지덕지 딱지가 앉아 불결하고 측은하다.

이들을 온전하게 돌보기란 어렵겠지 싶다. 녀석들은 사람에게 의지하여 어쩔 수 없이 도시의 생을 살아야 하는 것이다. 사냥은 이미 잊었다. 뜨겁고 비린 피에 대한 기억은 말끔히 사라졌다. 막연히 개라고 부르지만, 새로운 별종이다. 방콕 사람들이 힘들이지 않고 육종한 별종이다. 절름발이 병신 녀석들도 흔하다. 녀석들이 곧 방콕 사람들이다.

대중식당의 아침. 황적색 천을 두른 스님이 나타났다. 사람들이 앞으로 나가서 신발을 벗고 합장한 채 무릎을 꿇는다. 준비한 예물을 스님께 공양한다. 고결한 풍경이다. 나이는 있어 보이지만, 스님은 풍채나 생김새로 보아 고승처럼 인상 깊지 않다. 스님은 공양을 받아 뒤에서 기다리는 청년에게 넘겨준다. 사람들이 머리를 조아리고 뭐라고 말을 건네 보지만, 스님은 눈썹조차 깜박거리지 않는다. 차라리 비정하다.

같은 시각, 배식구 앞 땅바닥. 입이 뾰쪽한 흑갈색의 개가 쓰러진 채 숨을 헐떡인다. 주문한 음식을 받아서 좌석을 찾아가는 사람들. 아무도 개의 죽음을 의식하지 않는다. 10분도 넘기지 못할 것 같다. 간헐적으로 근육이 떨며 굳어간다. 불쌍하다. 아내는 보지 말라고 팔을 끈다.

어느 쪽이 제대로인가. 어느 쪽이 더 불쌍한가. 저것이야말로 가장 자연스런 죽음인 것을. 우린 단도로 짐승의 멱을 따 버리는 것에 너무 익숙하다. 우리에겐 저절로 늙어 죽기까지 봐 온 짐승이 없다. 젊고 힘 있을 때 멱을 따 버린다.

사람들은 여전히 스님에게 공양하며 머리를 조아리고 말을 건넨다. 저 주검을 누가 어떻게 할까. 스님은 눈썹 하나 깜박이지 않는다. 비정하다.

바깥 잔디밭 주변. 정장한 여자가 비닐봉지와 신문지를 들고 나타났다. 다른 여자는 밥을 가지고 왔다. 봉지에 든 것과 비벼 버무린다. 정장 여인이 신문지를 줄지어 깔고 그 위에 먹을 것을 나눠 놓고는 사라졌다. 녀석들 십여 마리가 느릿느릿 다가와 조금 먹는다. 성의 표시로 시늉을 하는 것이다. 전투는 결코 없다.

녀석들이 천천히 나무 밑으로 흩어진 다음, 까옥까옥 까마귀가 나타났다. 비둘기가 날아 앉는다. 그 뒤에 쩝쩝새가 날아온다. 맨 나중 참새들이 한 걸음하였다. 깡총깡총 뛴다. 이들이 차례로 차려 먹는 동안, 신문지 밑으로 개미들이 줄을 지어 식사하러 다가왔다. 바람에 신문지 펄럭인다. 아직도 스님은 말은커녕 눈썹조차 깜박거리지 않았다.

점심때였다. 한 녀석이 둥근 빵을 하나 물고 돌아다닌다. 땅바닥으로 끈적끈적 침이 흘렀다. 친구를 만나서 대화할 땐 바닥에 내려놓았다. 다시 이를 물고 돌아다닌다. 얻는 것보다 도둑질하는 게 열 번 나을 것이지만, 결코 그런 일은 없다. 선물일 것이다. 조급함이나 두려움이 없어졌다. 이제 주목하는 사람들은 없어졌다. 사람들은 안심이다. 배고프겠지만, 배고픔이 없다. 친구조차 빼앗으려 대들지 않았다.

그 빵, 그 개, 그 친구들, 궁금하다. 비린내 나는 뜨거운 피의 기억을 빼앗긴 채 아스팔트의 생을 살아가는 별종들, 궁금하다.

(2007)

코사마 야요이

거짓을 보고 거짓거리를 보고도 행복해하고 두려워한다. 코사마 야요이의 줄무늬호박들. 바람 둥둥 가둔 풍선들. 점과 망은 무엇인가? 평면은 어떻게 부피를 갖는가? 예술은 어떻게 진짜가 되는가? 있기나 한 것인가? 정신은 왜 분열하는 것인가? 있기나 한가? 천 위에 그어진 선은, 칠은, 무엇인가? 눈속임인가?

밖으로 나오면서 마주친 다빈치카페에 울타리로 늘어서 있는 옥잠화 모조화분들이 마음에 든다. 사이사이 꽂힌 노란빛 난초꽃들이 진짜처럼 보인다. 그림 사이사이 박힌 사람들 사람들. 가짜란 무언가? 모조야말로 사물 아닌가? 모조야말로 진짜 아닌가? 눈은 정상인가? 날것이 편한 나는 무엇인가? 가짜는 날것 아닌가. 나는 거짓을 보고 거짓거리를 보고 행복하고 두렵다. 예술이 어떻게 현실이 되는가?

(2014)

불꽃

간밤 눈이 내릴 때 들리던 아삭아삭 하던 소리. 아침이 고요하다. 나무도 참새도 자동차도 멈췄다. 갑자기 풍요와 휴식이 빛난다.

찬란한 것은 역시 나무다. 뜰에 매화나무가 눈을 쓰고 있다. 좁쌀만 한 꽃눈이 눈에 덮여 있다. 차가운 눈을 이불 삼는 매화의 꽃눈. 봄의 전령의 매운맛을 기억하라.

나무는 성스럽다. 하얀 눈을 축복인 양 받아쓰고 기쁘다. 허공에 뻗은 목련 가지마다 차가운 순수를 높이 받들고 있다. 천사 아닌가. 하늘을 추앙하는 땅의 아들. 나무는 거룩하다.

나무 아래서 제사를 드렸던 옛사람들은 나무와 잘 통하였다. 그들은 거룩한 당산나무를 알아보았다. 당산나무가 자리 잡은 땅. 거룩하고 신령한 터전.

사람은 땅을 본받고, 땅은 하늘을 본받고, 하늘은 도를 본받는 것이니, 사람이 성결한 터를 정하여 하늘에 제사를 올리는 것은 당연한 일.

거대한 팽나무가 눈에 들어온다. 검게 얼어붙은 노구는 당당하다. 한 그루 불꽃이다.

　나는 거룩한 불꽃과 떳떳하게 마주하고 섰다. 고요한 아침 위로 위대한 태양이 떠올랐다.

(2004)

원고지

"당신, 정신 좀 차려욧!" 아내에게 심한 말을 하고 말았다. 내가 정작 하고 싶은 말이 아니었다.

언어의 한계를 극복할 수 있을까? 대상과 사고 사이에 깊은 해자가 있는 것처럼, 사고 장치와 문장의 표출 사이에는 상당한 거리가 있는 줄 안다. 사고의 결과를 문장으로 표현하는 데는 거쳐야 할 과정이 있다. 우선 종이와 연필을 준비하고 기록해야 하는 것이다. 컴퓨터에다 바로 입력할 수도 있다. 사고하는 대로 구술을 시키거나 녹음을 해둘 수도 있다.

사고와 표출, 두 과정의 결과물인 작품과 독자 사이에도 커다란 해자가 놓여 있다. 해자는 안쪽 구조물과 바깥쪽 열린 공간의 연속이며, 건축물의 일부이다. 마찬가지로 작가 앞에 버티고 있는 독자는 안쪽 사고과정의 감시관이며, 바깥쪽 표출과정의 채찍이 된다. 아직 말 없는 독자들이지만 힘이 세다.

이에 비하면, 소리 언어의 즉시성은 현저하다. 상대가 내 앞에 있다. 나는 생각해 낸 대로 말한다. 사고와 혓바닥이 일으키는 공조는 한 치의 시차도 없다. 원고지를 준비하거나 만년필을 준비할 필요도 없다. 녹음기도 컴퓨터도 필요 없다. 그러나 발화된 말이 상대방의 사고 그물 회로에서 부드럽고 달콤한 흐름과 공명을 형성해 내지 못한다면, 그래서 상대방이 "이만 실례합니다." 목례를 하고 자릴 떠 버린다면, 나의 사고는 자연히 속도가 늦춰지고 혓바닥은 조용해진다.

나는 언어를 극복하고 싶다. 왜냐하면 이렇다. 뇌와 혓바닥의 공조 작품이 자주 나를 고통스럽게 하였다. '무심코 뱉은'(이것은 최상의 공조 또는 공명 상태이다) 말들이 상대방을 다치게 하였다는 것이다. 아내에게 상처를 주고 싶지 않다. 바른 의사소통이 어려웠다는 것이다. 내용이 심각할수록 오해의 소지는 더 커졌다.

뇌와 혓바닥 사이에다 연필과 원고지를 놓아두면 어떨까. 나는 원고지 앞에 앉으면 벌써 사고가 느려지고 두려움을 느낀다. 그것만으로도 둘 사이 공조활동의 감시관을 고용한 것과 같은 효과가 있다. 죄 없는 원고지를 얼마나 많이 구겨 버렸던가.

내게 말한다.

"당신, 혓바닥 앞에 원고지를 놓아야겠소!"

(1996)

물고기의 개똥철학

1

한 물고기가 하늘을 난다. 물고기를 타고 독수리가 날아간다. 155㎜ 날씬한 포탄이 날아간다. 직선으로 공중을 찌르는 포탄. 이것을 타고 독수리가 날아간다. 한 물고기가 공간을 갈랐다. 독수리 가시발톱이 조종하는 대로 하늘을 즐긴다. 속수무책의 비행. 한 물고기는 대양을 헤엄친다. 한 독수리는 바닷속으로 돌진하였다. 제보다 근대가 더 나가는 한 물고기를 낚아챈 채 몸서리치며 물기를 털어 내면서 겨우겨우겨우 날아올랐다. 그리고 둘은 비대칭적 비행을 하는 것이다.

2

꾸지 않는 것보다 바람직한 꿈이다. 비상시에 기댈 수 있는 선이 있다는 것, 사람이 있다는 것, 자동화된 회로처럼 움직일 수 있다는 것은 당신 삶의 안정성의 확보를 의미한다. 흔들리는 순간이 모여 삶을 이루었듯이 당신의 삶도 흔들리면서 시간을 연장하는 것이므로. 잠시잠깐 당신 곁을 불어치는 바람 같은 그 무엇이므로 아주 무너지거나 부서지거나 끝장이 나지 않도록 하는 장치를 당신은 가졌다는 것이다.

당신은 전화기를 가졌고 핸드폰도 가졌다. 비록 때때로 전선이 끊어져서, 전화기가 부서져서, 통화중이어서, 번호판을 제대로 누르지 못해서, 불통 불똥에 안타까움과 초조의 분통과 전율과 짜릿함을 만끽하였다. 이것은 문명이 부여한 건조한 현기증 같은 것이다.

당신은 말을 하고 싶은 것이다. 그는 저 너머에 있는 것을 잘 알지 않는가. 그가 오지 않을 것을 알지 않는가. 그래서 당신의 말은 어긋난다. 그리고 욕망이 잉태된다. 반드시 채워져야 할 욕망은 아무리 단순하더라도 당신이 만든, 당신을 위한, 당신의 것이다. 욕망의 회로를 가까이 분석해야 한다.

나는 말한다. "나는 욕망한다. 그러므로 나는 존재한다." 내가 존재하는 한, 나의 욕망은 자연스럽고 당연하다. 나의 존재의 원천이자 힘이다. 그것은 대접받아야 마땅하다. 개인적으로 그리고 사회적으로. 생물학적으로 그리고 존재론적으로. 그것은 혁명이 되기도 하고 역사가 되기도 하는 것. 그것은 희망의 벽에서 꿈속에서조차 좌초되기도 한다.

유전과 진화의 초석이 욕망이라면 지나친가? 나는 또 말한다. "마음껏 욕망하라. 너의 지평은 네가 욕망하는 곳까지다." 그것은 결코 다 채워질 수 없다. 채워지는 것이라면 이미 거룩한 욕망이 아니다. 그러나 욕망할 때, 비로소 사람이 된다. 존재를 회복하는 것이다.

그것은 자기 것이어야 한다. 자기의 속말은 듣지 않고 남의 곁말만 듣는 것은 바보 아닌가. 내 속말은 욕망의 원인이지만, 남의 곁말은 이미 해소되고 정화된 힘없는 쓰레기다.

나는 다시 말한다. "자신의 속말을 들어라. 자신을 속이지 말라." 모든 욕망은 사랑에 기초한다. 그것이 에로스 사랑이든, 플라톤 사랑이든, 아니면 아가페 사랑이든 상관없다.

모든 사랑이 모든 욕망의 어머니다. 내가 손을 내밀 때, 내가 당신에게 말을 걸 때, 욕망은 이미 거기 스멀스멀 기어다니고 있다. 당신의 눈 속에서, 입술에, 귓불에, 겨드랑이에, 가랑이에서, 스멀스멀, 꿈틀거린다. 그래서 이런 말이 설득력을 갖는다. '사랑은 작업이다. 사랑의 건축학. 작업을 건다. 수작을 부린다.' 이들은 다 같은 말이다. 거기에는 비어 있는 공간이 필연적으로 부수되는 것이다.

당신과 나 사이에 늘 간극이 존재하였다. 이것이 사랑의 조건이다. 그래서 작업이, 수작이, 건축학이, 개똥철학이 필요한 거 아닌가?

(2013)

복 있는 사람

저녁 모임에 나갔다가 잠시 짬을 내어 화가 김복환과 함께 전일빌딩 전시실에서 열린 티베트 대몽골 밀교예술 특별전을 둘러보았다. 탕카에 나타나는 수많은 보살과 부처의 좌상이나 입상은 우리의 것들과 유사하였다. 그러나 탁월하고 풍부한 다양성! 만다라는 신비감을 더하였다. 친근감을 주었다. 모든 게 비교적 익숙한 것이었다.

딱 하나! 티베트의 조장풍속(鳥葬風俗)의 사진들, 그것들!

아름답고 건장한 젊은이는 어째서 일찍 죽었는가. 나신 주검이 엎어져 있다. 이를 다루는 사람은 (아마도 장의사이거나 승려일 것이다) (새들이 먹기 좋게) 칼로 주검의 가죽을 (마치 토기 가죽 벗기듯 팔목에서부터) 벗겨 토막을 냈다. 세계의 지붕인 히말라야산맥을 지키는 독수리들. 영겁의 새 독수리들이 떼 지어 모여들어 눈 깜작할 사이에 살을 쪼아 먹고 주둥이를 문질러 닦는다. 사진 앞에서 걸음을 뗄 수 없다.

"우리는 살면서 남의 살을 뜯어먹고 살았다. 죽어서 몸뚱어리를 짐승이나 새에게 먹이는 것은 당연하다. 이것을 몸보시라 한다. 일찍이 성인들이 그리 하였다."

　티베트 스님 초펠의 해설이다. 그는 한국에 3년째 머문다 하였다. 우리말을 썩 잘 한다. 그의 풍모는 티베트 선승 그대로다. 이야기 내내 서글서글하고 아름다운 미소를 머금었다. 자태에 힘이 박혀 있지 않다. 합장이 새털처럼 가벼웁다.

　"독수리는 눈이 밝다. 사람이 하루 걸어서 가는 거리의 것이면 환하게 본다. 시체를 내놓으면 새들이 곧장 날아온다."

　그는 나를 더욱 놀라게 하였다.

　"어떤 사람의 몸보시는 새들이 먹지 않는다. 악한 일을 많이 한 사람의······."

　"그럴 수가? 정말이냐?"

　"그렇다."

　그럴 것이라는 느낌이 들었다. 몸에 독이 쌓일 것이므로. 한기, 냉기, 독기, 사기, 살기에 찌든 살이라면! 그 혐오스러운 기운을 새들이 좋아할 리 없다. 독수리의 신성함과 영험함이라면 능히 구별하고도 남으리라!

　"당신은 어떠냐?"

　"당연히 조장이다. 티베트인이면 누구나 원하는 바다. 단, 인도에 사는 티베트인은 인도의 풍속에 따라야 한다."

　그와의 대화에는 죽음이 전혀 특별한 것이 아니었다. 세 끼니 밥을 챙겨 먹는 정도일까. 한낮이 저녁에게 바통 터치를 하는 것과 같았다.

　헤어지며 그와 악수를 하였다. 그의 손은 아주 부드럽다. 서늘한 바람처럼 느낌이 좋다. 손 이외에 아무것도 느낄 수 없었다.
　그는 내게서 무엇을 느꼈을까. 온기? 한기? 독기? 사랑? 혹시 살기?

(1998)

연꽃 시간

　아가씨들이여! 초저녁에 피었다가 아침이면 입을 다무는 연꽃이여! 처음 입을 연 것은 물 위로 고개를 꼿꼿이 세우고 자색이 수줍다. 어제 피었다 다시 입을 연 것은 탱글탱글 화려하다. 그제 피었던 꽃은 고개가 약간 기울었다. 수련 푸른 잎의 톱니빨이 무섭다. 기계톱처럼 톱니바퀴가 빙글거린다.
　입을 닫았던 연꽃이 다시 입을 여는 간격이 연꽃 시간이다. 나는 이들의 시간을 사진 찍느라 바쁘다. 내게 연꽃 시간을 조절할 능력은 없다.
　사진을 촬영하면서, 꽃의 피곤함과 고단함을 알았다. 누가 연꽃의 가난 또는 간난을, 초조함과 피폐함을 말하였던가. 아름다움, 정열, 영광, 사랑, 황홀, 눈부심, 그리고 절정. 연꽃은 각 이미지에 대응하는 고통과 신산함을 가지고 있었다.
　처음 피어날 땐, 젊고 빳빳한 꽃대 위에서 소녀는 수줍다. 두 번째 입을 열 땐, 미색 황홀하다. 양귀비나, 서시나, 클레오파트라는 저만큼 비키는 게 낫다. 세 번째 입을 열 땐, 벌써 허리는 휘고, 말수는 줄어들고, 피부는 쪼글쪼글해졌다. 다음 날 꽃대는 꺾이고 시든 꽃송이는 겨우 수면에 뜬 채 호흡이 가쁘다. 그리고 연꽃 시간은 영원히 해제된다.

짧은 연꽃 시간에도 새벽이면 젖을 빠는 벌들이 요란스럽다. 자연은 아무도 굶주리지 않도록 배려하였다. 때론 진딧물이 얼마나 물어뜯는지 안쓰럽다. 검정 벌레는 잎과 꽃잎을 갉아 댄다. 간난과 시련과 고난의 연속이다.

수련 꽃은 닷새의 일생을 살다 간다. 간난과 함께, 영광과 함께. 나의 생애에 비하면 순간이다. 나의 일생은 마찬가지로 어느 미상한 존재의 순간에 불과할 것이다. 그러나 내 시간은 평생이다. 덤비지 말라.

난 연꽃 시간을 붙잡아 맬 수 없다. 파장이다. 처음 만났을 때 한창 말이 많던 것이 이젠 입을 다문다.

달이 진다. 엊저녁 처음 피었던 것은 입을 꼬옥 다물었다. 주둥이를 겨우 물 위로 내민 채 숨을 몰아쉬고 있는 시간도 있다.

시간의 톱니바퀴는 위대하다. 시간의 꿈처럼, 달이 졌다. 한 번도 입을 열어 본 적이 없는 아가씨들이여.

(2007)

밧줄

　그리움이란 말처럼 식상하고 해묵은 것은 없다. 그것은 풀 죽은 결핍상태에 불과하다. 시는 그것밖에는 노래할 게 없다.
　경험했던 것, 지금은 없는 것, 멀리 있는 것, 오래된 것, 선험적인 것, 모성적인 것, 애잔한 것은 그리움을 자아낸다. 시는 그것밖에는 노래할 게 없다.
　시는 탐구이다. 대상을 노래하고 발언하는 과정에는 그에 대한 밀착과 탐색이 요구된다. 사랑과 지식이 노래와 발언이 되어 대상을 고양시켰다.
　생활에서 부딪는 자신과 협상하고 화해하고 긍정하며 이끌어 낸 것이 드러났다. 시는 그것밖에는 고백할 게 없다.
　시는 들여다보는 힘이다. 일상에서 고립되고 희미한 자신이 그리움의 사다리를 타고 등장한다. 세계는 몽원주사를 맞았다. 더욱 뚜렷해지고 뾰족한 송곳처럼 예리해지면서 마치 뱃멀미하듯 속엣것을 토해 냈다. 시는 그것밖에는 예언할 게 없다. 세계를 확장하고 창조하였다.

그는 한 가닥 밧줄 - 손을 기다린다. 자신에게서 세계를 향하여 뻗어 나가는 뜨거운 빛살이 손을 불러올 것이다. 결국 자신의 손이다. 그는 아직 구원의 손을 알지 못한다.

(1997)

지구의 날에

지구는 얼마나 큰 짐을 졌는가 인구 60억! 이를 먹여 살리기 위하여 얼마나 더 많은 농작물과 짐승을 키워야 하며 얼마나 더 많은 아파트와 공장을 지어야 하는가.

오, 비만해지는 지구, 망가지는 지구, 하나뿐인 지구여!

그래서 사람들은 잠시나마 짐을 덜어 볼까 하여 비행기를 만들어 타기도 하고, 때론 빼꼼한 공간이라고 여겨지는 곳을 찾아 백수건달이 되어, 예를 들어 에베레스트 꼭대기로 달포간 자리를 비켜 주기도 하지만 그게 무슨 효험이 있겠는가. 우주선을 타고 지구를 떠난들 얼마나 유익한가.

물이 나쁘다. 공기가 나쁘다! 우리가 계산에서 빼먹지 말아야 할 일은 눈에 안 보이는 우리 조상의 수와 근량이다. 그들의 살과 뼈와 살다 남겨놓은 그것 문화라는 근수를 꼭 계상해야 하는 것이다. 문화의 근량은 솔직히 말해 현대수학으로도 다 계산해 내기가 어려운 것이니, 지구상에는 눈에 보이는 것뿐만 아니라 더 많은 보이지 않는 것들이 함께 존재한다는 것을, 먹여 살려야 할 것들이 아주 더 많다는 것을 유념해야 하는 것이다.

　물이 모자란다. 공기가 모자란다! 아, 지구가 먹여 살려야 할 사랑스런 60억 인간, 자애로운 바다의 온갖 풀과 물고기, 두터운 땅 위의 갖은 식물과 짐승과 벌과 나비와 날짐승. 저 거룩한 산과 바다, 오 아름다운 강과 호수, 색동 무지개, 그 위에 뱀까지. 이것들은 지구가 먹여 살려야 하는 것의 일부에 지나지 않는다. 눈에 안 보이는 것은 너무 많다

　염려 놓아라. 눈에 안 보이는 것들이 눈에 보이는 것들을 먹여 살릴 것이니라.

(1999)

천지는 비정하다

　노자(老子)『도덕경(道德經)』에서 "천지는 어질지 않다(天地不仁)."는 구절을 보았다. 과연 놀라운 고백이다. 따뜻하고 아름답고 편안하게 감싸 주는 천지(天地) 자연(自然)을 두고 어질지 않다고 선언을 하였다니, 과연 노자답다. 미쳤다!
　"만물은 짚으로 만든 개와 같고 성인은 어질지 않다."고도 하였다. 만물에는 의지할 것이 없으니 기대하지 말라는 뜻이겠다. "다들 도둑놈이다." 라고 말한 것이나 다름없다. 성인까지 어질지 않은 마당이 아닌가.
　토사구팽(兔死狗烹)이라는 말이 회자하던 때가 있었다. 정치의 비정한 면을 유감없이 발휘한 사자성어였다.
　하늘은 선인과 악인을 두루 함께 살도록 햇볕을 고루 비추고 비를 고루 뿌린다는 성경 경구가 있다. 이 구절을 처음 대한 나는 분개하였으나 이젠 그렇지 않다. 이는 배려였다. 오히려 선인에 대한 배려였다. 배려야말로 위대하다는 결론에 닿았다. 신의 위대한 뜻을 살펴서, 선인은 겸손해져야 하며 악인은 이웃과 함께 어울려 살도록 길을 돌려야 하는 것이다.

사람이 이같이 선하고 악한데 성인이 어찌 어질기만 해서야 쓰겠는가. 성인은 착해 빠져서는 안 된다. 대의(大義)를 위해서 만사를 짚으로 만든 개를 대하듯 냉엄하게 판단해야 할 것이다. 그러므로 천지와 성인은 어질지 않고 비정하다. 비정하다는 정치판은 천지의 새끼다.

천지는 근본이 비정한 것과는 거리가 멀다. 다만 인간 마음이 질풍노도와 칠정오욕(七情五慾)에 부대낄 따름으로, 비정하다는 말은 인간에게나 해당하는 것일 뿐이다. 인간이 비정할 뿐이다.

그는 오직 든든하고 묵묵하다. 어머니의 사랑, 사시사철의 질서, 하늘의 영롱한 별들, 지구의 지붕 에베레스트, 태풍과 한발, 장엄한 폭포, 호랑이의 포효, 바람을 가르는 경주마, 한 방울의 풀잎 이슬, 보랏빛 오랑캐꽃, 여성의 신비, 바다의 영원한 파랑, 어머니 갠지스강, 메소포타미아의 광활한 평야, 위대한 태양……. 이미지들은 분명하고 아름답다. 놀랍고 고통스럽다. 이해 불가능하다. 존재와 감정을 초월하였다.

자연은 비정하지도 유정하지도 않다. 천지불인(天地不仁)이라 하여도 끄덕 않는 천지를 보아라. 그는 완전하다. 한낮이 저녁에게 밤을 물려주는 시간을 보아라. 그는 완전하다. 겨울이 봄에게 물려주는 철을 보아라. 그는 완전하다.

천지가 어질지 않다는 말은 인간이 어질지 않다는 고백의 겉옷에 다름 아니다. 인간이여, 비정한 천지의 속옷을 입어라.

(1997)

게으름 예찬

일찍부터 게을러지고 싶었지만 불가능하였다. 보이지 않는, 미세하지만 강력한 전파들이 부단히 들쑤시며 나를 가만 놔두지 않았다. 나는 끊임없는 유혹에 걸려들어 부산하게 훈련 당하였던 것이다.

게을러진다는 것은 두려운 일이 되었다. 그것은 무능으로의 첫걸음이자 마지막 종착역이라고 말하였다. 누구도 종착역에 빨리 도달하고자 애써서는 안 된다. 유유자적은 삶의 끝에 버티고 있는 고요가 아닌가. 고요는 두려운 것이다.

나는 게을러지고 싶었지만 그곳에 도달한 적은 없다. 한적한 곳에 있어 보았지만 결코 게을러질 수 없었다. 냅다 내달리기만 하게 되었다. 죽은 듯이 엎드리고자 하였지만 안 되었다. 구원은 오직 속도뿐이었다. 가만히 앉아 있는 것은 죽음이었다.

게을러진 마음을 알지 못하였다. 그를 찾아내지 못하였다. 그는 아마 없을지도 모른다. 설령 있다 하더라도 내가 애써 찾으면 그도 애써 내게서 멀어지는 어떤 것이다. 내가 두려움과 신비를 느낄수록 그는 냉정해지는 어떤 것이다.

게을러지고 싶지만 불가능해 보인다. 내가 먼저 없어져야 게으름을 만날 수 있을 것 같다. 내가 좀 없어졌으면 싶다. 정말 게을러졌으면 싶다. 그래야만, 보이지 않는 것들을 알아볼 수 있을 성싶다. 보이지 않는 것들을 보고 싶다.

(1995)

공평한 자산

 가장 귀한 자산은 생명이다. 시정잡배에게도 고관대작에게도 공평하게 하나의 목숨만이 허여되어 있으니, 천하에 이보다 더 공평한 일은 없을 성싶다.
 그런데 사람들은 누구나 평등하게 소유한 것은 귀한 것으로 치지 않는 별난 취미가 있어서 목숨도 뉘에게나 그저 주어진 것 정도로밖에 여기지 않는다. 공기처럼, 해처럼, 바다처럼, 누구나 다 가졌다는 점에서 그렇게 여기는 것도 일단 수긍이 간다.
 그래서 사람들은 돈과 명예를 향해서 냅다 뜀박질하게 되었다. 자신을 내세워 보이기 위해서, 차별과 구별을 위해서, 벌이는 인생경주라는 잔치가 그것이다.
 경주에 익숙한 사람들에게는 생명이란 없는 것과 진배없다. 그것은 누구나 다 가진 공평한 분배물에 불과하므로.
 이렇게 내달리던 사람이 결국 병상에 누워서 발견할 것은, 적어도 그것으로는 아무런 차별을 만들 수 없다는 놀라운 회오에 불과할 것이다!

자신의 생명을 속이 꽉 차고 빛나는 결정(結晶)으로 키워 나갈 수 있다는 가능성에 접근해 본 사람은 드물다. 차별과 경주를 그만두고 오히려 쭈그리고 앉아서 턱을 괴고 앉아서 한 송이 꽃이나마 진득이 내다보며 말을 걸어 보는 일이 있어야겠다.

이때 공평한 것에 불과하였던, 그래서 없는 것과 진배없었던 자산이, 사람마다 천차만별의 보석이 되어 있는 것을 알게 될 것이다.

(2000)

비밀이 없는 사람

　비밀을 종종 재산에 비유한다. 비밀이 없는 사람은 마치 재산이 없는 가난뱅이와 같다는 식이다. 그렇다면 비밀이 많은 사람은 재산가가 아닐 수 없다.
　고위공직자의 재산공개를 보자. 이는 비밀이 많은 사람은 재산가가 아닐 수 없다는 가설에 근거하여, 비밀을 공개하라는 것 아닌가. 사회정의의 명분으로 비밀의 박탈을 감행한 것 아닌가. 비밀이 드러난 그의 마당에는 쓸쓸한 돌조각과 몇 포기의 화초는 박혀 있을지언정, 비질이 잘 된 맨숭맨숭한 시멘트 바닥에 각을 잡아 세워 쌓은 블록담장이 둘러쳐져 있어, 가슴을 위로하기는커녕 오히려 싸늘한 한기마저 느껴진다. 모든 것이 투명하여 그늘진 데도 움푹 꺼진 데도 없으니 벌레 한 마리까지도 다 드러나지 않은 바 없어서 마당이 수척하기만 할 뿐 윤택한 맛이 덜하다.
　그러나 공직자에게 박탈하는 것은 비밀일 뿐 재산은 아니다. 그가 반드시 재력가는 아닐 것이므로 비밀을 다 앗아 내는 것도 아니다.
　우리 선조들은 너나없이 터놓고 살았지만 비밀을 가슴에 숨길 수 있는 능력의 소유자였던 것 같다. 가난을 숙명처럼 수용하면서, 도란도란 두런두런 하늘의 음성과 땅의 소리를 나름대로 해자(解字)할 수 있었으니, 이보다 더 큰 비밀의 소유자가 누구인가. 가난은 곧 비밀의 풍요를 말한다. 비밀이 많은 사람은 간난한 삶의 팔자를 타고난 셈이다. 비밀을 소유하는 대신 재산은 내놓아야 하였다. 마찬가지로 여자에 관한 비밀을, 아무리 별무신통한 것일지언정, 가슴속에 숨기고 있는 사람은 재산을 이미 바친 사람이라고 할 것이다.

자고로 물이 맑으면 물고기가 살지 못한다는 말이 맞다. 둠벙에 수초가 뜨고 그늘이 지고 진흙이 흘러들어야, 어쩜이뇨, 피라미도 끓고 붕어도 미꾸라지도 장구벌레도 끓게 되어서 어울림의 살맛과 부요한 자연을 즐기게 되는 것이다. 어쩜이뇨, 이것이 큰 비밀이 아닌가. 이것이 재산이 아닌가.

비밀이나 재산이나 넉넉하면 좋을 것을, 우리 시덥잖은 인생들은 두 가지를 다 꿰차고 즐길 만한 도량이 도랑물 같을 뿐이니, 어찌 탐하지 않으랴.

(1995)

오동

예로부터 딸을 낳으면 오동을 심으라 했다. 시집갈 때까지 키우면 장롱을 해서 보낼 만큼 잘 자라는 나무. 오동장롱은 재질이 가볍고 좀이 슬지 않아서 사랑을 받아왔다.

대중가요에도 종종 등장한다. "오동 잎 한 잎 두 잎 떨어지는 가을밤에"라든지, "오동 추야(秋夜) 달이 밝아"라든지, "벽오동 심은 뜻은 봉황을 보잤더니" 등 서민의 정한이 오동나무에 얽혀 있다.

少年易老學難成	소년은 늙기 쉽고 학문은 이루기 어려우니
一寸光陰不可輕	한 치의 시간인들 가벼이 여기지 말라
未覺池塘春草夢	연못가 풀잎들은 봄꿈에서 아직 깨지 아니한데
階前梧葉己秋聲	섬돌 앞 오동 잎은 벌써 가을 소리를 내나니

청소년들에게 촌음을 아끼면서 학문에 정진할 것을 권면하는 주자(朱子)의 권학문(勸學文)이다. 오동의 커다란 이파리가 눈에 띄게 팔랑거리며 떨어지는 현상에 주목하여 이미지와 메시지를 성취하였다. 오동은 정원에 서 있다.

그러나 자고로 집 안에는 오동을 심지 않았다. 빨리 크는 것이 흠이 되어 그런 내력이 생겼을 수 있다. 나무가 잘 자라면 집 안에 그늘이 지고, 뿌리가 뻗는 힘도 커서 건물의 기초를 손상할 우려도 있다. 속성수는 정원수로 적합하지 않다.

오동나무 밑에는 장독을 두지 않는다. 해로운 성분이 떨어져 장독 속에 들어가지 않을까 하는 염려 탓이 아닐까. 어려서, 구더기가 버글대는 측간에 오동 가지를 꺾어다 던져 넣었다. 구더기가 덜 생겼다. 오동 잎에 살충성분이 존재하는 것이 아닌가 하는 탐구심을 가져본 바 있다. 못자리에 오동나무 잎을 몇 개 던져 넣으면 잡풀이 성글어진다는 말을 어느 교수에게 들은 적이 있다. 그렇다면, 오동 잎에는 뭔가 있긴 있는 모양이다. 오동장롱에 좀이 슬지 않는 까닭을 얼추 짐작하겠다.

이렇게 강하고 야무진 오동나무도 도깨비집병을 앓고 나면 거의 반주검이 되어 나무 구실을 제대로 못하게 되고 마니, 안타깝다.

가을을 가장 먼저 알아차리는 계절의 전령.

딸아이를 위한 장롱의 재목.

갖은 정한을 품고서도 마당에서 푸대접을 받는 오동. 역설의 나무이다.

(2004)

친구

너그러워지고 싶다. 한없이 너그러워지고 싶다. 그러나 별에서도, 태양에서도, 바람에서도 너그러움을 만나지 못했다. 대지에서도, 산에서도, 거리에서도, 나무에서도, 평야에서도 너그러움을 듣지 못했다. 샘에서도, 강에서도, 바다에서도 너그러움을 맛보지 못했다.

친구가 뜻밖의 사고로 먼저 갔다. 젊고 유능하며 촉망받는 학자였다. 하늘은 천재를 시기하였다. 유능하고 해맑은 사람을 먼저 데려갔으니, 하늘에서조차 너그러움을 구할 수 없었다.

너그러움이란 무엇인가? 금방 지고 마는 꽃과 같았다. 향기는 오죽하랴. 나는 너그러움을 찾는 것을 그만두었다.

(1997)

사람과 짐승의 차이

개는 지능이 뛰어난 짐승으로 사람의 사랑을 가장 많이 받는다. 새끼를 낳으면 어미 개는 새끼의 눈과 피부를 핥아 주고 젖을 먹인다. 자기 새끼 곁에 어떤 짐승도, 주인조차 접근하지 못하도록 엄중히 엄호한다. 그는 새끼를 자기 피붙이라고 분명히 그리고 정확히 알고 있는 것이다.

그러나 몇 달이 지나면 상황은 판이하게 다르다. 먹을 것을 놓고 어미와 새끼는 이를 드러내고 으르렁거린다. 이즈음이면 어미나 새끼는 서로 남남이 된다. 어미는 새끼를 기억하지 못하고, 새끼도 어미를 기억하지 못하는 지경에 이른 것이다.

사람만은 비상한 기억력을 가졌다. 아무리 어눌한 자라도 부모형제를 가릴 수 있다. 평생토록 사랑과 관심을 나누며 살아간다. 아무리 어눌해도 이웃을 가린다. 아무리 어눌한 자라도 자기가 사랑하는 사람을, 자기를 사랑해 주는 사람을 가린다. 아무리 어눌해도 자기를 대적하는 자를 가린다.

똑바로 기억할 일이다. 요즈음 악덕한 일들은 우리가 누구인가,

어떤 관계인가, 어떻게 살아야 할 것인가 등에 대한 성현들의 고전적 가르침을 제대로 기억하지 못하는 데서 비롯되었다.

바로 배우고, 똑바로 기억하라!

(2000)

흑즉시공(黑卽是空)

덜렁 한 장이 남아 헐겁게 붙어 있다. 일요일 5개와 성탄일은 빨강, 토요일 4개는 파랑, 나머지는 검둥이다.

안동 어느 약국에 장년의 사내가 들어와 검정 콘돔을 주문하였다. 약사가 유행하는 무지개 콘돔을 권해도 검정색을 고집하였다.
"왜 검정만을 고집하시지요?"
"상중(喪中)이라서요."

도대체 색깔이란 무엇이냐. 파랑은 희망을, 빨강은 정열을, 검정은 죽음을 상징하기도 하는 것. 검정 콘돔을 쓰는 것으로 상중 섹스의 쾌락이 변호 받을 수 있는 것인가? 삼베를 둘러매는 편이 더 위안이 될 것 같은데, 어찌할꼬.

쓸쓸한 우스갯소리가 문득 기억난 것은, 달력을 들여다보다가 나머지 검은 날들이 애잔해 보였던 탓인가.

섣달의 하루하루는 애잔하다. 연말은 다가오고, 일기는 고르지 않고, 겨울비는 재촉한다. 누렇게 바래던 잔디는 회색으로 변하고 말았다. 나목은 깊은 잠에 빠진 지 오래. 종종 달력 위에 빗금을 그으면서 세어 보기도 한다.

해가 지나면, 청년의 나이는 한 해 불어나지만, 노년의 나이는 한 해 짧아진다. 시간이 이렇게 다르다. 노년은 청년과 이렇게 다르다.

내 시간은 짧다. 강렬한 경험과 감동을 원할수록 시간은 짧아진다. 휙 지나가 버리는 것이 인정머리 없다. 수이 감을 자랑 마라 하였건만.

> 청산리 벽계수(碧溪水)야 수이 감을 자랑 마라
> 일도창해(一到滄海)하면 다시 오기 어려워라
> 명월이 만공산(滿空山)하니 쉬어 간들 어떠리*

명월이 그립다. 휙 지나치지 않도록 간절히 붙잡아 주는 사람이 그립다. 시간과 색이 하나가 된 만공산적 명월(滿空山的 明月)이여!

무지개 일곱 빛깔 콘돔을 생각해 본다. 원초적 홀림과 몰입과 황홀감이 있다. 이기(利器)와 절제와 냉정도 비쳐난다.

> 고대광실 맑은 거울 속 슬픈 백발은
> 아침에 까만 비단실이더니
> 저녁에 눈발이 날리는 것을**

무지개 속에 검정 빛깔은 없다. 지나쳐 버린 청춘, 흰 눈밭에 듬성듬성 박힌 슬픈 머리털, 그리고 안동 검정 콘돔에 묻어나는 쓸쓸한 욕망. 섣달엔 검둥이 날이 많다. 흰 눈발이 날린다.

(2002)

* 황진이의 시.
** 이백(李白)의 시.

평화 그리고 통일

우리에게는 한 꿈이 있다. 민족의 평화와 통일. 반드시 성취해야 할 꿈이며 영광이다. 우리가 함께 바라고 꿈꾸는 한, 반드시 이루어질 현실이다.

2002년 월드컵 축구대회를 성공적으로 치러 낸 감동이 지금도 새롭다. 스탠드 관중들이 내걸었던 "꿈은 이루어진다."는 캐치프레이즈로 전 세계 시청자들과 함께 진한 감동을 맛보았다.

사전에서 찾아보면 꿈이란 1. 잠자는 동안에 생시와 마찬가지로 여러 가지 현상을 느끼는 착각이나 환상; 2. 실현시키고 싶은 희망이나 이상; 3. 실현될 가능성이 희박하거나 전혀 없는 허무한 바람 등으로 해설되어 있다.

세 가지 해설이 따로 노는 것만은 아닌 것 같다. 월드컵 축구에서 한국팀은 단 1승에 조갈이 들어 있었다. 더 큰 꿈은 16강 진입이었다. 실현시키고 싶은 희망이었으나 실현될 가능성이 희박하거나 전혀 없는 허무한 바람이었다. 그런데, 세계 4강에 진입하여 우승까지 넘보았다. 허무한 바람이 환상처럼 현실로 현현되었다.

고려시대 문장가 백운거사 이규보(李奎報)는 자신의 꿈이 영험하였다는 것을 「몽설(夢說)」과 「몽험기(夢驗記)」에서 자세히 기술한 바 있다. 그는 좌천과 유배의 역경 중에서 자신이 영의정이 될 것을 꿈에 보았다. 그리고 훗날 영의정이 되었다. 그래서 꿈을 헛된 착각이나 환상으로만 치부해서는 안 될 것이라고 꿈의 신통함을 역설하였다.

이규보는 권력과 출세에 대한 강한 비전과 비상한 노력을 아끼지 않았던 인물이다. 그에게 현시하였던 꿈이란 비전과 노력의 마땅한 소산이라고 해도 좋다. 그는 결국 이루어 냈다.

나는 이규보의 비전과 노력에 공감하고 긍정한다. "혼자 꾸는 꿈은 꿈에 지나지 않지만, 만인이 함께 꾸는 꿈은 곧 현실이 된다."라는 언설을 지지한다. 그때 온 국민이 함께 꾼 꿈. 한국대표팀이 일군 월드컵 4강 신화. 마침내 현실이 되었다.

어느 날 "선생은 꿈에 보았습니까?" 하고 백운거사가 내게 물었다. 나는 깜짝 놀라 대답하였다.

"보다마다요. 영의정 선생처럼 자나 깨나, 앉으나 서나, 보고 말구요. 남북통일은 월드컵 축구처럼 확실합니다."

(2004)

창조론 진화론

창조론에 따르면, 이 세상의 만물은 6일간에 창조되었다. 마지막 날에 창조된 인간. 인간은 마지막 날인 제6일에 만들어졌다. 인간이 맨 마지막 날에 창조된 이유를, 탈무드는 이렇게 설명하고 있다. 파리조차도 인간보다 먼저 만들어졌다는 것은 인간이 결코 오만해지거나 교만해져서는 안 된다는 뜻이다. 따라서 인간은 자연에 대해 겸허한 자세를 가져야 한다.

진화론에 의하면, 이 세상의 만물은 하나의 세포에서 오랜 시간에 걸쳐 우연이 겹치면서 진화되었다. 인간은 맨 마지막에 등장한다. 인간이 맨 마지막에 등장한 이유를, 진화론자들은 이렇게 설명하고 있다. 파리조차 인간보다 먼저 만들어졌다는 것은, 인간의 생명력의 원조가 아메바나 바퀴벌레였다는 것은, 인간이 결코 오만해지거나 교만해서는 안 된다는 뜻이다. 따라서 인간은 자연에 대해 겸허한 자세를 가져야 한다.

창조론이나 진화론이나 결국 같은 결론에 도달하였다.

(2012)

최고의 순간

　황홀한 이름이여! 내 인생 최고의 순간은 아직 오지 않았다. 그대는 지금 내게로 오고 있는 중이다. 나는 앞으로 앞으로 그대를 향해 전진한다. 나는 지금 높이 날아오른다.
　영광의 이름이여! 나는 그대를 기다리며 그대에게로 더 가까이 가고 있다. 최고의 순간은 인생의 가장 끝이어서는 안 된다. 내 생애 최고의 순간은 내가 눈을 감는 바로 그 순간에 완성되어서는 안 된다.
　아이스크림의 달콤함이여! 나는 고대하네 최고의 순간! 전진하는 내 인생의 완성이여!

(2014)

드들강

아, 드들강 언덕 울긋불긋 자유 백화방초, 하늘하늘 관용, 끝없이 피어나는 사랑의 상징이여. 그렇게 생각 없이 다투듯 피지 않는다면, 아무것에도 쓸모없을 터. 빛깔을 다투어야 하리. 맵시를 다투어야 하리. 모두의 비위를 맞출 수는 없는 것.
　서로 낯빛이 다른 강 언덕의 풀잎들이여. 서로 다투어야 균형미를 완성하리. 피었다 지지 않으면 결코 사랑의 존재가 못 되리. 열매 맺지 않는다면 신의 축복을 외면하였으리. 열매는 씨앗이 되어야 하리. 싹이 터서 죽어야 영원히 사는 운명이여. 버리면 영원히 살아나리.
　빛나는 태양 속에서, 생각은 이렇게 힘을 받아야 하리. 말뚝에 매인 짐승이 되어서는 콘크리트 무덤이 되고 말리.

(2014)

더 많은 시간을

시간은 사건의 시간이다. 칠곡계모사건, 말레이시아 항공기 실종사건, 중국발 황사, 새정치민주연합, 김정일의 도발, 러시아의 크림반도 합병, 이스라엘의 공습. 삼성화재의 점의에 대한 횡포, 한-일 역사 갈등. 이 속에서 신과 인간이 만난다.

사방팔방 수줍은 듯 난만한 봄꽃들. 이 시공에서 신과 인간이 만난다. 한 포기 하얀 제비꽃 한 줄기 하얀 꽃조팝나무도 신을 만난다. 연못 저수지마다 강마다 그득그득 넘치는 봄물에서 신을 만난다.

모든 사건은 시간 가운데 녹아 있다. 시간의 시작이 신의 시작이었다. 시간은 이렇게 시작되었다. - 태초에 말씀이 계셨다!

박순동 현대인물연구원편집국장을 만났다. 인사동네거리. 피골이 상접한 외모에 비하여 의연한 언행. 따뜻한 사람에게 이런 몹쓸 병이라니. 삶의 부질없음이여! 일 년 반 전 담낭암 수술을 하였고, 이제 이곳저곳에 전이가 되었다니.

더 많은 시간을! 더 많은 사건을! 더 따뜻한 신의 손길을!

(2014)

사분지일

나는 일찍이 이렇게 들었다. - 너는 네 것이 아니니라. 사분지일은 창조주의 것이요, 사분지일은 국가와 사회의 것이요, 사분지일은 부모형제의 것이요, 그리고 나머지 사분지일이 네 몫이니라.

네가 열심을 내어 즐거움 가운데 일하는 것은 그러므로 모두에게 유익한 일이다. 너의 행복은 그러므로 모두의 행복이 된다. 너의 불행은 곧 모두의 불행이 된다. 너의 삶의 질이 그러므로 모두의 윤택으로 나타난다.

그러므로 너는 신에 대한 의무, 국가에 대한 의무, 부모에 대한 의무, 그리고 네 자신에 대한 의무를 져야 한다. 근로의 의무, 납세의 의무, 국방의 의무, 교육의 의무는 국가와 사회에 대한 의무이다. 네가 게으름을 피운다면, 너 자신에게뿐만 아니라 조물주와, 사회와, 부모형제에게도 게으름을 피우는 것이다.

그러므로 네 마음대로 살 수 없다. 네 마음대로 살아서는 안 된다. 네 몫이 작은 탓에 네 몫은 더 귀하다.

너의 목숨이 온전히 네 것이 아닐진대, 나머지는 따져본들 무엇이 유익할꼬. 사분지일에서 일어서야 하는 것. 나머지 사분지일에서 일어서야 하는 것.

(1999)

철저한 죽음

한국인은 죽음을 신뢰하지 않는다. 죽어서도 산다는, 힘을 쓴다는, 망상을 갖고 있다. 그것은 적막하고 냉혹한 것이겠거늘, 믿지 않는다. 어찌된 일인지 기독교에서조차 부활의 날에 주검이 육신을 입어 다시 산다는 맹랑한 맹신을 주장한다. 그것이 유교적 전통과 함께 매장문화를 강화하여, 묘지 문제를 심화시켜 왔다.

재벌 SK 회장이며 전경련 회장이었던 최종현은, 다른 재력가들이 법을 어기며 초호화묘지를 쓰는 판에, 자신의 주검은 화장하도록 유언하였다. 자녀들이 이를 어길까 봐 그룹 이사들에게까지 서약토록 하였다.

유언은 지켜졌다. 최 회장은 진정 죽음을 신뢰한 분이다. 철저한 죽음을 이루었다. 용기 있는 한국인이라 해야겠다.

(1998)

영웅 존 글렌

그는 1962년 4시간의 우주비행을 성공적으로 수행하였다. 현재 4선의 미국 상원의원이다. 그는 77세의 노인이다.

청년 존 글렌.

그는 1998년 10월 다시 36년만에 우주비행선 디스커버리호에 탑승하였다. 9일간의 대기권 밖 우주비행을 마치고 무사귀환하였다.

가족들과 미국 사회 지도자들의 만류에도 불구하고 위험한 임무를 자청하였다. 무중력상태가 인체의 노화에 미치는 영향에 관한 10가지 실험에 자신의 몸을 내맡겼다. 그는 주문하였다.

"나를 노화극복을 위한 연구의 실험도구로 써 달라."

그는 케네디우주센터 발사 기지를 이륙한 3시간 후 첫 교신에서 이렇게 말하였다.

- 무중력상태인데, 기분이 무척 좋다.
- 앞으로 무슨 일이 일어날지 모르지만, 오늘이 아름답고 위대한 날인 것은 분명하다.
- 하와이가 너무 아름답다.

그는 누구인가.
영웅. 존 글렌.

(1998)

변화와 개혁

변화와 개혁이 화두다. 화두란 말머리이다. 여기에 몸통이 붙고 손발이 생겨 유기체를 형성한다. 이것이 사고와 행동으로 발현된다. 한 재벌 총수는 "마누라와 자식만 빼고는 다 바꾸라!"고 주문하였다. 이것은 실천방안을 단도직입적으로 간단 설파한 행동강령이다.

고르바초프의 공산주의 소련이 해체되었다. 이념 대립은 끝장났다. 격변의 서곡에 불과하였다. 공산주의의 불쾌한 몰락. 누구는 이를 자본주의의 승리로 규정하였다.

변화는 자발적 과정을, 개혁은 적극적 인위적 과정을 강조한다. 보수의 늙은 나무줄기에 혁신의 새 가지가 돋는 것을 변화라 한다면, 새 가지를 쳐서 없애거나 다른 가지를 접붙여서 바꾸는 것은 개혁이라 할 수 있다. 그러나 세계를 조망하는 데는 그 구분은 의미 없다.

보라. 자본주의 만세!의 축배를 채 올리기도 전에 세계는 대공황의 공포에 떨고 있다. 작금의 한국을 비롯한 아시아권 경제의 몰락이 세계경제공황의 씨앗이 될까 우려하고 있다. 이것은 정체의 결과인가, 변화의 결과인가. 아니면 보수의 결과인가 개혁의 결과인가. 아니면 자연인가, 징조인가.

    자본주의 몰락의 전조인가. 제2의 바벨탑인가. 자본주의는 성능이 괜찮은가. 해체된 사회주의는 완전 폐기처분된 것인가. 욕망의 윤리와 절제는 가능한가. 욕망의 자본주의. 이는 자연적이며 사회적인가.

    세계공황의 엄습? 두렵다. 신탁을 구해야 할까?

    변화와 개혁. 일찍이 만상(萬象)이 무상하지 않던가.

(1998)

몹쓸 세대 차이

반드시 가치 있는 것이다. 청년과 노년, 둘이 다르지 않다면, 세상은 막가는 꼴이다. 청년은 변화를, 노년은 안정을 중시한다. 둘은 대립하면서 서로 밀고 끈다.

요새 젊은이들은 버르장머리 없다. 이 말은 전혀 새로운 것이 아니다. 일찍이 파피루스에도 "젊은 놈들은 틀려먹었다."고 새겨져 있다. 그렇다면 청년들은 아무쪼록 버르장머리가 없거나 틀려먹어야 하겠다.

내가 다시 청년이 된다 해도 결코 지난날 걸었던 길을 다시 걷고 싶지 않다. 나의 길이 불만스러웠던 탓이 결코 아니다. 그 길이 아무리 훌륭하고 고귀했다손 치더라도 결코 같은 길을 걸을 순 없다. 백번 양보하여, 내가 동일한 길을 다시 걷는다 해도 그것은 이미 같은 길이 아닌 것이다. 다른 생각, 다른 길, 다른 방법이 나의 길이다.

한 콩깍지 속에서 영양을 나눠 먹고 공간과 시간을 공유하며 성장한 형제 씨앗들이 있다. 이들이 잘 익어 사방으로 튀었다. 한 놈은 다음 해에 움텄다. 다른 놈은 그 익년에 호흡을 개시하였다. 또 다른 놈은 마치 죽은듯이 숨을 멈추고 다른 공간과 밀도를 수십 년간 견딘 다음에야 움을 텄다. 이들에게는 세대 차이가 있는 것인가?

몹쓸 세대 차이. 필수 아닌가.

(1998)

내가 없으면

　내가 없으면 나는 말할 수 없고 달릴 수 없다. 내가 없으면 사랑할 수 없고 미워할 수 없다. 내가 없으면 울 수 없고 노래할 수 없다. 내가 없으면 기뻐할 수 없고 고뇌할 수 없고 감격할 수 없다. 내가 없으면 나는 처절한 고통과 절망조차 느낄 수 없다.
　내가 죽고 없으면 내겐 격렬한 몸부림과 결투는 없다. 나는 생각할 수 없으며 존재할 수 없다. 내가 없으면 나는 그리워할 수 없고 고독할 수 없으니, 슬픔이여! 하느님은 없다!
　내가 죽고 없으면 평화와 죽음을 갈구할 일이 없다. 내가 죽고 없으면 서로 끌어당기는 것도 없으며 밀어내는 것도 없다.
　나는 몸에 붙은 모든 것들로만 몸부림칠 수 있으며 충만해지는 것이다.
　이것이 삶이란 말인가.
　죽음! 죽음을 그리워할 수 없는 죽음! 통증과 절망조차 느낄수 없는 고통이여!

(1998)

시냇물이 흘러 쌓이며

시냇물이 흘러 쌓이며 강물을 이룬다. 강물이 흘러 쌓인 곳이 결코 넘침이 없는 그릇 바다이다.

사건과 인물이 쌓이며 흐르는 강물이 있다. 강물은 바다로 흘러든다. 흐르는 것은 시간. 담기는 것은 사건과 인물. 넘침이 없는 그릇 역사.

나의 시간은 물처럼 덕스럽고 쉽다. 단단하지 않고 무르지도 않다. 높지 않고 낮지도 않다. 빠르지 않고 느리지도 않다. 그것은 나를 관통한다. 어떤 흔적도 남기지 않는다. 그러나 쌓인다.

나의 시간은 모든 변화의 주인이다. 모든 운동과 모든 소리는 시간이다.

기억과 기록은 모두 시간이다. 시냇물은 바위를 쓰다듬으며 노래하며 하늘을 만지며 물옥잠을 띄우며 피라미를 보듬으며 흘러내렸던 것이다. 비쳐 주고 보듬은 것은 연인의 그림자였다.

나의 시간은 그르침이 없으며 욕망을 벗어 버렸다. 정신이 아니다. 이념도 아니다. 의식을 친구로 삼지 않는다.

시작이 없으니 끝이 있을까. 영원회귀 – 시간의 다른 이름. 시간을 초월한 이름. 시간은 없었다.

(1998)

존재의 초상

초판1쇄 찍은 날 | 2015년 2월 23일
초판1쇄 펴낸 날 | 2015년 2월 25일

지은이 | 박노동
펴낸이 | 송광룡
펴낸곳 | 문학들
등록 | 2003년 3월 13일 제05-01-0268호
주소 | 501-841 광주광역시 동구 천변우로 487(학동) 2층
전화 | 062-651-6968
팩스 | 062-651-9690
전자우편 | munhakdle@hanmail.net
값 | 13,000원

ⓒ 박노동 2015
ISBN 978-89-92680-96-7 03800

· 잘못된 책은 바꿔드립니다.
· 이 책 내용의 전부 또는 일부를 재사용하려면
  반드시 저작권자와 문학들의 동의를 받아야 합니다.